Fifty Years of Silence
The extraordinary memoir of a war rape survivor
Text and Illustrations Copyright © Jan Ruff-O'Herne, 2008
First published by Random House Australia Pty Ltd, Sydney, Australia.
This edition published by arrangement with Random House Australia Pty Ltd.
All rights reserved.
封底凡无兰登防伪标识者均属未经授权之非法版本。
版贸核渝字(2014)第8号

图书在版编目(CIP)数据

沉默50年：一位原"慰安妇"的自述/(澳)奥赫恩著；张兵一译.
重庆：重庆出版社，2015.6
ISBN 978-7-229-09695-3

Ⅰ.①沉…　Ⅱ.①奥…　②张…　Ⅲ.①奥赫恩-生平事迹　Ⅳ.①K836.118.5

中国版本图书馆CIP数据核字(2015)第076551号

沉默50年：一位原"慰安妇"的自述
CHENMO 50 NIAN：YIWEI YUAN "WEIANFU" DE ZISHU
〔澳〕扬·鲁夫-奥赫恩　著　　张兵一　译

出 版 人：罗小卫
责任编辑：别必亮　林　郁
责任校对：何建云
装帧设计：重庆出版集团艺术设计有限公司·蒋忠智

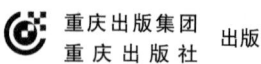

重庆出版集团
重庆出版社 出版
重庆市南岸区南滨路162号1幢　邮政编码：400061　http://www.cqph.com
重庆出版集团艺术设计有限公司制版
重庆普天印务有限公司印刷
重庆出版集团图书发行有限公司发行
E-MAIL:fxchu@cqph.com　邮购电话：023-61520646
全国新华书店经销

开本：889mm×1194mm　1/32　印张：10　字数：200千
2015年6月第1版　2015年6月第1次印刷
ISBN 978-7-229-09695-3
定价：49.00元(含光碟)

如有印装质量问题，请向本集团图书发行有限公司调换：023-61520678

版权所有　侵权必究

谨以此书向我已故的丈夫汤姆·鲁夫献上我全部的爱

致我的中国姐妹们

1992年12月,我和万爱花[注]作为证人出席了在东京召开的"日本战争罪行国际公开听证会"。在这个听证会上,我们同来自韩国、中国台湾和菲律宾的其他原"慰安妇"一起,公开讲述了自己的故事。

虽然我们听不懂彼此的语言,但是此时此刻语言却是完全多余的。当我和万爱花拥抱在一起的时候,我终于能够同另一位曾经被强征为"慰安妇"的妇女一起分担自己的悲痛,这对我还是第一次。这是一个非同寻常的经历,它标志着我为揭露日本战争罪行而进行公开抗争的开始。我和万爱花两人都曾经是所谓的"慰安妇",我们对彼此在残暴的日本军人手中遭受的苦难知之甚深,而对中国的妇女而言,这样的暴行早在1937年的"南京大屠杀"(又称"南京浩劫"——the Rape of Nanking)期间就已经开始了。

我内心里充满了对中国原"慰安妇"及其家人们的无限同情，这本书就是为她们和为所有在战争中遭受蹂躏的妇女们而写的。我们当年都是单纯而无辜的少女，而我们的生活都因日本侵略者犯下的罄竹难书的暴行而毁于一旦。

然而，我们的苦难并没有随着战争的结束而结束，而是继续无情地影响到了我们一生的生活。时至今日，我们依然难以安眠，总是噩梦连连；我们的生活依然伤痕累累。一些人的偏见曾经迫使我们认为自己身体因被日本人玷污而变得肮脏，早已失去了享受婚姻生活的资格。在过去那50年的沉默岁月里，我一直生活在恐惧之中，唯恐有一天人们会发现二战期间发生在我身上的这件可怕的事情。

为此，我把自己的经历隐瞒了整整50年，但是我最终还是战胜了恐惧，决定公开自己的秘密，希望我遭受的苦难能为世界带来裨益。自从我开始撰写这部回忆录以来，我就再也没有停止过为保护战争和冲突中的妇女而做出的努力。

现在，在我91岁高龄的时候，我的这部《沉默50年》回忆录即将被翻译成中文出版，从而继续它在全世界的传播，这使我感到莫大的荣幸。我们虽然年事已高，但是我们并不会被人们忘记，我们向世人传达的信息将继续传播开去：强奸决不能再被视为战争的必然产物；我们的故事将有助于防止针对妇女的更多丑恶罪行的发生。我们誓将为正义而继续呐喊。

Jan Ruff-O'Herne

扬·鲁夫-奥赫恩
2014年于澳大利亚

注：万爱花（1930年1月1日—2013年9月4日），原名刘春莲，内蒙古和林格尔县韭菜沟村人，4岁时被当作童养媳卖到山西省盂县羊泉村。1943年6月7日，年仅14的万爱花和其他几个少女被进村扫荡的日本军人掳走并关进一间窑洞里，从第二天起便昼夜遭受日本兵的奸淫和肆意殴打。21天后，她冒死逃脱，回到羊泉村的家中，不料8月再次被日本军人抓走，被蹂躏达29天。后来，她乘日本兵看管松懈之机再次逃脱，但又于当年12月第三次被抓，并遭受了长达50天的毒打和轮奸，身体多处骨折，不省人事。最后，日本兵于1944年初将赤身裸体的万爱花弃于乌河之中，幸被村民救起，捡回一条命。

　　日军的暴行对万爱花造成了严重伤害：她原本身高1.65米，由于屡遭毒打，胯骨、肋骨骨折，以致腰身陷进骨盆、颈部缩进胸腔，身高萎缩至1.47米；手臂脱臼，耳垂被扯掉，而且因日本兵的多次残暴奸淫，下身严重溃烂，终身不育。

　　1992年以来，万爱花先后6次到日本东京、大阪等地，出席有关日本战争罪行的国际听证会和控诉大会，并于1998年10月30日与其他9位受害妇女一起，状告日本政府对其造成的性暴力伤害，要求其正式公开道歉并给予经济赔偿。她是中国少数愿意公开承认在二战期间被日军性侵犯并向日本政府索赔的中国女性，也是中国控诉侵华日军性侵害的第一人。2013年9月4日凌晨，万爱花在太原离世，终年83岁。

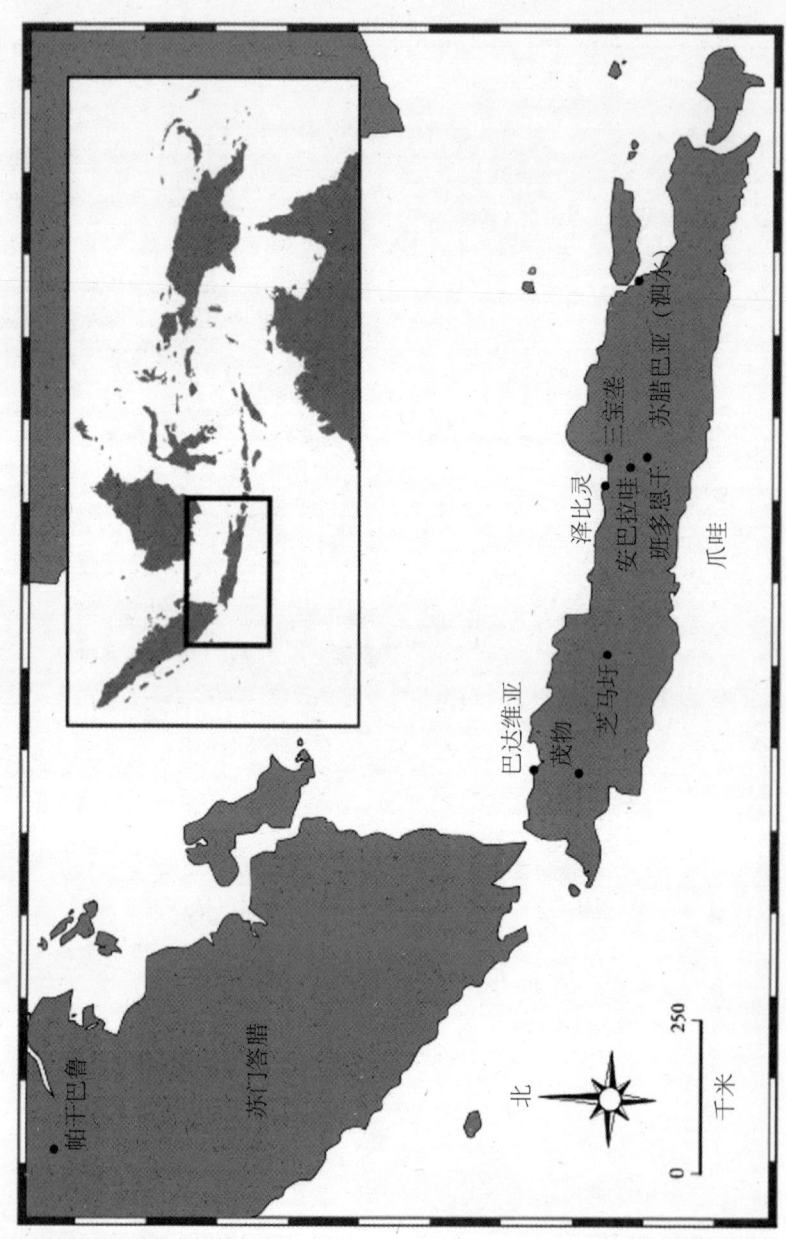

作者说明

本书中的印度尼西亚语词汇和地名均未更新，皆沿用第二次世界大战之前的用法。

我之所以仍然在少数情况下使用了一些现在已经不再广泛使用的词汇和语言（如把日本人称做"日本鬼子"），是因为这些词语原本就是我们当年在集中营里每天使用的语言，它们最能准确地表达出我在那个特殊的时期和环境中最真实的感受和情感，这是任何现代同义语都无法替代的。

前言

艾琳·米顿

当我还是一个承欢父母膝下的小姑娘的时候,就总是隐隐约约地感觉到母亲是一个非同寻常的女人,但是这非同寻常之处是什么,我却毫不知晓。

她拥有某种高贵而特殊的气质。

她是那么的独一无二、那么的坚强,总是能够深深地吸引她身边的每一个人。

我和妹妹一直为自己坚强的母亲感到骄傲,而她自己却一直无法鼓起勇气告诉我们她那些痛苦的经历。每每想到此,我就总会感觉到这是一件多么不可思议的事情。

目　录

致我的中国姐妹们

作者说明

前　言

第一章　幸福的童年 / 001

每当这个时候，我就好像再一次感受到了爪哇岛上炎热而潮湿的空气，好像又听到了远处传来的悠扬的加美兰音乐，其间还不时夹杂着蝉和蟋蟀的悠悠低鸣，它们共同构成了一首独特的热带交响曲

第二章　安巴拉哇集中营 / 051

那个时候，任何人都不会扔掉香蕉皮，要么连同香蕉一起生吃下去，要么用熔化了的蜡烛液烫一烫吃。

第三章　"七海屋" / 111

与此同时，整个"七海屋"开始忙碌起来，为这个妓院开张作准备。

第四章　茂物集中营和卡拉玛特集中营 / 163

其他营区的妇女们都认为，我们之所以被单独囚禁，是因为我们都是妓女，认为我们都是自愿到日本人的妓院里卖身的。

第五章　一个时代的结束 / 193

虽然我们在战争中幸存了下来，但是战争给我们留下的创伤却远远没有痊愈。

第六章　打破沉默 / 231

我告诉艾琳和长罗尔，我已经决定前往东京，在为声讨日本战争罪行而举行的国际公开听证会上作证。

致　谢 / 293

扬的抗争　1992年至2008年 / 295

第一章 幸福的童年

"外婆,给我讲一个你小时候在爪哇岛的故事吧,求求你了。"

露比是我的小外孙女,她正在翻看我的那本老相册。她突然抬起头来对我说了这句话,微笑的小脸蛋上充满了期待的神情。于是我问她:"这一次你又想听哪个故事啊?"

"外婆,告诉我你住的那所房子,讲一讲那些在墙上爬来爬去的蜥蜴。再给我讲讲那里的各种动物,比如你抓到的那条蛇,还有你从那棵树上掉下来的故事。讲讲你的那个法国爷爷,你们为什么坐在餐桌前的时候都必须挺直了身体……还有你那次去爬山,结果两条腿上都爬满了水蛭。讲吧,外婆,所有的故事都要讲!"

看着她那张稚嫩的小脸和急切的表情,我心中禁不住又涌起了再次给她讲述我那些陈年旧事的冲动——我们这个家族的根在哪里，家族里的传统是什么，往日多姿多彩的幸福生活，等等。这一切都深深地掩藏在她手中那本发黄的家庭相册之中。

只不过，相册中缺少了一些十分重要的照片——那些实际上根本就没有拍下来的照片。可是，我所经历的那一幕幕可怕的情景却在我的大脑里留下了如此深刻而永恒的烙印，那一个个惨痛的记忆早已深深地封存在我心中一个最为隐秘的角落里，它们所代表的故事是那么的令人羞耻和恐惧，我又怎么讲得出口！我从来没有把这些秘密告诉过我的女儿们，更没有告诉过我的外孙们——我的家庭成员和朋友们对此都一无所知。然而，把这些黑暗的故事讲出来又一直是我内心的渴望，它就如同向我的外孙们讲述自己欢乐的童年故事一样的强烈和难以抑制。

这个故事的开头部分是由许许多多的欢乐片段构成的，其实小外孙女早就听过无数次了，只是她同所有的孩子一样，总是喜欢再次听到同样的故事，因为心中知道故事的来龙去脉就会有一种安全感。我低头看着那些照片，其中的一些已经因为时间的流逝而泛黄。每张照片里都蕴藏着一段珍贵的记忆，那是我在爪哇岛上度过的美好童年时光，那里当年叫做"荷属东印度群岛"，现在叫"印度尼西亚"。

每当这个时候，我就好像再一次感受到了爪哇岛上炎热

嬉戏中的瓦尔德、艾莉娜和我。

而潮湿的空气，好像又听到了远处传来的悠扬的加美兰音乐①，其间还不时夹杂着蝉和蟋蟀的悠悠低鸣，它们共同构成了一首独特的热带交响曲。我们坐在自家房屋的前廊上，饶有兴致地看着身边的癞蛤蟆不断地跳起又落下，把一只只不知名的昆虫吞进圆圆的肚子里；一缕淡淡的轻烟从驱蚊的盘香上袅袅升起。不过，留在我记忆中最鲜明的童年生活特征

---

① 印度尼西亚最具代表性的传统音乐形式，亦称"甘美兰"，大约形成于15世纪。加美兰音乐是一种多种乐器的合奏，包括各种敲击乐器和管弦乐器，再加上人声构成的多声音乐，演奏时带有一定的即兴特性。常用于伴奏各类戏曲、舞蹈以及在各类喜庆活动中演奏，主要流行于印尼的爪哇岛和巴厘岛。

还是漂浮在空气中的各种气味——燃烧的木炭的气味、热带水果的气味、各种花草的气味，尤其是从不远处的小食摊上传来的那种让人垂涎欲滴的独特气味。

1923年，我出生在印度尼西亚爪哇岛上的一个荷兰殖民家庭里，是这个家族在当地的第三代人。我的家中始终充满了欢乐，而我的童年时代也是最为幸福美满的，旁人恐怕很难想象得出来。我们家有五个孩子，我排行老三，我们一起在一个带有蔗糖生产工厂的甘蔗种植园里长大。这个名叫"泽比灵蔗糖厂"的种植园位于爪哇中部的三宝垄港市附近。

我的父亲和母亲都是极具爱心、智慧和艺术修养的人，两人在各自不同的方面都极具天赋。我对他们充满感激之情，没有他们就没有现在的我。他们用纯粹的天主教传统培育我成长，让我在天主教学校和大学里接受教育。我的父母，尤其是我的父亲，从小就在我的心灵深处播种下了坚强信仰的种子，使我对祈祷、《圣经》和弥撒充满了热情。对我们而言，那里的弥撒活动是很特别的，因为我们的家远离三宝垄市，荷兰神父比克曼每月只能来泽比灵一次，专门为当地的天主教徒举行弥撒。

比克曼神父每次来都住在我们的家里。入夜后，我们就会一起喝着冷饮、在留声机播放的轻柔古典音乐的伴随下探讨《圣经》和神学的各种问题。所以，从孩提时代起，我就具有了强烈而深刻的宗教信仰。这是天主赐予我的最珍贵的礼物，是我在日后度过那段苦难岁月时最强大的精神支柱和力量源泉。

母亲和父亲都极有音乐天赋，尤其对古典音乐更是情有独钟。至今我依然清晰地记得每天晚上上床睡觉的时候，总能听到父亲和母亲一起合奏出的美妙音乐之声。父亲是一个相当出色的小提琴手，而母亲则是一个同样出色的钢琴师和歌手。她可以用好几种语言演唱，但是更钟情于德文歌曲，因为用她丰润的女中音唱德文歌曲真是妙不可言，让人不得不陶醉其中。

我最早的记忆可以追溯到1926年，那时我三岁。父亲还是一个业余摄影师，所以在我家前廊的后面有一间冲洗照片的暗室。这个暗室对我有着神秘莫测的吸引力，我总是偷偷地从一个角落里往暗室里窥视，却从来不敢走进去。儿时的我还是一个相当固执的孩子。一天，我尿湿了裤子，却谎称是我的姐姐艾莉娜弄湿的。父亲被我蛮横的谎言激怒了，一气之下把我关进了暗室里，以示惩罚。我哭号着、尖叫着，用两个小拳头不停地捶打着暗室的门，整个身体因恐惧而不住地颤抖。好在父亲并没有把我关得太久，但是那一次在黑暗中所经历的恐惧却使我终生难忘。虽然这样的惩罚对一个小孩子不免有些严酷，但是它却实实在在地让我认识到了说谎的严重性和丑陋性质。

早年生活给我留下的另一个开心的回忆，是父亲常常跪在床边祷告时的情景。对我们几个孩子而言，他每次祷告好像都要花去几个小时的时间，耐不住性子的我们总是在他没有完成祷告之前就跳到他的背上，迫使他同我们一起玩耍。他那虔诚祷告的形象后来成为我一生的榜样和鼓励。

我的父亲1895年生于爪哇，他的父亲是一个法国人，母亲是一个荷兰和印度尼西亚混血人。祖父母为父亲起名为"塞莱斯廷"，他的成长环境非常法国化，同祖父亨利讲话时都使用法语。祖母珍妮是一个非常漂亮的女人，深受父亲和全家的爱戴。据我所知，祖母的腰身十分纤细，长着一头浓密而乌黑的长发。按照当时在印度尼西亚的荷兰人的生活习俗，祖母在家里的时候总是穿着当地传统的纱笼卡巴雅①——宽松的外衣和围裙。遗憾的是，珍妮死得太早，48岁时就被肾病夺取了她美丽的生命。亨利祖父在他的后半生中一直都没能从他挚爱妻子的早逝中恢复过来——屋里到处挂满了珍

---

①纱笼卡巴雅（sarong and kebaya）是印度尼西亚的传统服装，一种由宽松上衣和类似筒裙的下装组成的套装。纱笼是下装，由一块长方形的布系于腰间。纱笼通常用蜡染印花布制成，色彩艳丽，图案丰富。现在制作纱笼所用的布料已经多种多样，有纯棉、真丝、化纤、织锦等，但是最常见的还是纯棉质地的纱笼。这种纯棉布被称做"印尼国布"。印尼妇女爱穿纱笼，一袭纱笼裹在腰间，恰到好处地将她们优美、苗条的身材轮廓勾勒出来，走动时随风摇动，轻盈、俏丽、柔媚多姿，不仅穿着舒适、柔软，而且美观、实用。布料的纹路都很细密，手感滑爽，透气性好，不仅吸汗通风，还能抵挡紫外线。纱笼的图案设计也非常讲究，有手绘的也有印染的，多以植物花草为主。卡巴雅即同纱笼搭配穿着的传统宽松上衣，常用真丝、纯棉或半透明的化纤布料制成，饰有色彩艳丽的蜡染花草图案。

妮的照片，两人的卧室更是成为祖父悼念祖母的永久圣地，卧室里的一切都没有丝毫改变，仿佛她仍然生活在他的身旁；那张双人床上依旧铺着带花边的床单，整齐地摆放着白色的被子和两个带枕套的枕头，一切都保持着她离世时的模样。

因为我是在珍妮祖母去世四个月之后出生的，所以我得到了她的名字——珍妮，多么美好的名字——也许正因为如此，我常常感到自己同她很亲近。我也非常珍视自己仅有的几件曾经属于珍妮祖母的私人物品，尤其是那个小小的皮夹，其中保存着珍妮的一缕秀发。有时候，我会打开这个皮夹，用手轻轻地抚摸她留下的头发，让自己沉浸在美好的遐想之中。亨利祖父是个极重感情的男人。我不止一次想象过这缕头发的来历：当他知道自己的爱妻病入膏肓，已经不久于人世的时候，就趁她熟睡之时悄悄地从她头上剪下了这一缕发丝，作为他怀念她和永久珍藏的遗物。祖父美丽的家园早已在第二次世界大战中被夷为平地，但是这个小小的皮夹却因为一直随身携带在祖父的胸前而得以保存下来，直到他过世时才传到了我的手里。

亨利祖父是我崇拜得五体投地的偶像。他在刚刚20岁的时候只身离开法国来到爪哇，很快就学会了当地人的语言，此外他还会说一口带有美妙法国口音的德语。他还是一个勤奋工作的人，走起路来腰板挺得笔直。即使在77岁高龄的时候，他也同样坚持每天锻炼，不用屈膝就能轻松地弯下腰用双手触及自己的脚趾头！

每当学校放假的时候，我总是在祖父位于中爪哇班多恩干的家里度过整个假期。那里还是一个"乡村公园"，位于欧恩加兰山的山坡上，海拔900多米，是祖父一手创建起来的度假胜地。母亲也会在假期里来到这里小住，以躲避泽比灵炎热而潮湿的天气，享受一下山中凉爽宜人的空气。

亨利祖父在班多恩干的这座漂亮的房子也因此成为我一生中永不磨灭的记忆。那里的每一个房间、每一个角落，地上的装饰地砖和各处摆放的地毯，墙上那些家中男仆每天入夜时都会以仪式般的庄重神态点亮的煤气灯，挂在墙上的照片和各种装饰品，前廊上的几把藤椅和桌子，以及我们经常在那里享受的饭后甜点和一杯接一杯的冷饮，这一切的一切虽已恍若隔世，但是在我心里却又历久弥新。

在那间宽敞起居室的一角摆放着一张大书桌，祖父的很多时间都花在了这张书桌前。书桌上摆满了家庭成员的照片。工作不是太忙的时候，他会允许我们坐在他的腿上，指着桌上的一张张照片为我们讲述他的陈年旧事。虽然有些故事我已经听过许多遍，但是每次讲起来我依然听得心醉神迷。对我而言，那张书桌就是祖父家中最重要的一件家具，每次看到它我心中就会油然产生一种敬畏之情。在书桌的对面摆放着一个画架，画架上是一幅巨大的珍妮祖母的照片，两旁各自摆放着一小盆紫色的大岩桐花。

亨利祖父的妻子去世以后,贝茨姑妈充当了家中女主人的角色。她默默地在祖父的房前屋后操持家务,脚上始终穿着一双拖鞋,走起路来发出"啪嗒啪嗒"的声响,那声音至今仍在我耳旁时时回响。贝茨姑妈长着一头椒盐色的头发,她总爱把它们挽成一个圆圆的发髻挂在脑后,可是那个发髻又始终挽得乱糟糟的。她穿在身上的衣服也总是一成不变的,不外乎那两件花裙子,一件是深蓝色的,另一件是紫色的。贝茨姑妈虽然有些与众不同,但是我们都很爱她。珍妮死后,她接管了家中的全部家务,对我们而言她就如同当年的珍妮祖母一样。贝茨终身未嫁,她把我们当成了自己的孩子,全心全意地疼爱我们,甚至于每当我们惹了麻烦不免受到祖父惩罚的时候,她也总会站出来为我们遮掩。

就在战争爆发之前不久,贝茨姑妈突然一病不起,那年我19岁。我当时恰好住在祖父家里,能够照顾病重的姑妈让我感到宽慰。后来,她安详地死在了我的怀抱里。姑妈的遗体躺在她的床上,那一夜我一直静静地守候在她的身旁,悲痛欲绝地看着人们为她做了最后的梳妆打扮。

那是我有生以来第一次看到死人,也是我第一次经历死亡的痛苦。贝茨姑妈的遗容看上去是那么的安详,她生前脸上的皱纹似乎都完全消失了。就在这一时刻,我感到自己对她的爱变得愈发深厚了,于是我拿起梳子仔细地为她梳理头发，然后从她的花园里摘来一朵兰花，轻轻地放到她叠在胸前的双手中。现在回想起来，我深感贝茨姑妈是幸运的，虽然英年早逝让人痛惜，但是却使她免遭了在日本人的集中营里好几年痛不欲生的非人生活。

祖父家的房子十分宽大，不仅足以满足我们全家人的需要，即使是我那些住在巴达维亚①的堂兄弟、堂姐妹们一起到来的时候，也仍然绰绰有余。在那样的日子里，我们的时间主要都是在网球场和两个游泳池中度过的（两个游泳池一大一小，大的长50米，小的长20米）。我们也喜欢爬山，而且总是为了抄近路在雨林中穿行，所以每次两条腿上都布满了划痕和爬满了长长的黑色水蛭。于是，我们就点燃火柴一个一个地烧它们的身体，直到把它们全部清理干净。回到家的时候往往已是接近傍晚，大家又再一次跳进游泳池里嬉戏。我至今还记得跳入水中的一瞬间全身皮肤所感到的那种刺痒的感觉。

夜晚，我们大家又会围坐在一张桌子前玩游戏，亨利祖父则独自坐在他那张书桌前处理信件和种植园的日常文字工作。他天生就有一副唱歌的好嗓子，教我们唱过许多法国歌曲。我记得很小的时候我们常常坐在他的腿上，听他唱法国儿歌。每个星期天的早上，祖父都会用留声机播放法国的国

---

①巴达维亚（Batavia）是雅加达的旧称，是印度尼西亚的首都和最大商业港口。

歌，他会打开大喇叭，让《马赛曲》响彻整个庭院。亲爱的老亨利就是这样，在内心里他始终还是一个法国人。在这个美好的庄园里度过的那些数不清的周末和假日，是我最为珍视的记忆，我只希望天堂里也能保留这么一个小小的角落，同亨利祖父在班多恩干的度假胜地一模一样。

我的母亲叫约瑟芬，荷兰人。在我的记忆中，她就像盘绕在我家房子上的优雅的葡萄藤一样迷人。她不仅身材十分苗条，并且长相也非常漂亮。在家里的时候，她的臂膀上始终吊着一个小小的篮子，里面放着一大串钥匙。当地人把这种篮子叫做"钥匙篮"，除了钥匙还可以放进去各种小物件。比如，你需要一把小剪刀、一支铅笔、一块橡皮、一把削笔刀、一颗纽扣、一根橡皮筋、针线、一个发卡或者一张手帕，你都可以在我母亲的这个"钥匙篮"里找到。在她上了一些年纪以后，她还把自己的老花镜也放在了这个篮子里。

母亲的梳妆台一直对我有着巨大的吸引力。我一直清晰地记得她坐在梳妆台前，面前摆放着一柄银镜、毛刷和梳子等全套化妆用具，那是我父亲送给她的结婚礼物。除此之外，还有一只碎花瓷碗和配套的瓷盘，碗里装着母亲的一些首饰，盘子里则放着她的一些小物件。小时候，我总喜欢玩弄母亲的项链，把我的小手指插进那些美丽的珠子之间。其中有一条琥珀项链，是父亲在从荷兰到爪哇的漫长海上旅途中，在埃及的赛德港为她买的。我对项链上的琥珀珠子尤其着迷，所以经常把这个项链戴到自己的脖子上。母亲深知我对这个项链的喜爱，后来就把它送给了我，就在那几年后她就去世了。

母亲是作为一个新娘子从荷兰来到爪哇的，那时她23岁。她是在阿姆斯特丹遇到父亲的，当时父亲正在那里读书，准备将来当一名工程师。看看父亲当年的照片，这个名叫塞莱斯廷的年轻人是多么英俊啊，我完全可以想象母亲为什么会那么无可救药地爱上了父亲！

父亲和母亲非常相爱。不过，他们也有过争吵的时候，好在我们最终总能见证他们和好如初的那一刻，看到他们彼此拥抱在一起，恩爱有加。每当看到这一情景，我们的心中就会感到如释重负；知道他们将永远彼此相爱，我们就有了安全感。

结婚后的五年之中，母亲约瑟芬生下了她的头三个孩子，第一个是男孩，他们为他起名为爱德华，小名叫"瓦尔德"。第二个孩子是我的姐姐艾莉娜，第三个是我——珍妮，不过人们通常叫我"扬"，这是荷兰语的发音。又过了八年，母亲生下了我的大妹妹约瑟芬，小名"芬"。母亲的最后一个孩子生于1934年，也就是我的小妹妹塞莱丝特。

母亲在家中的地位极高，所有人都很爱她，她给我们留下的回忆也是独一无二的。无论我们有什么需要，她都会提供帮助，就好像在这个世界上根本没有她无法办到的事情。

我的第一件晚礼服就是一个最好的例子。我17岁那年，按照传统可以拥有自己的第一件晚礼服，我心中的憧憬就是得到一件狄安娜·窦萍[①]曾经穿过的那种晚礼服。我一直在各种杂志上寻找这件晚礼服，后来有一天终于突然在英国的插图周报《素描》上找到了它。

"妈妈，我想要这件晚礼服，行吗？"我指着报纸上光彩照人的狄安娜·窦萍的照片问母亲，"做一件这样的晚礼服不会太难吧，妈妈？"那是一件由一层又一层的白色薄纱叠起来作为装饰的长裙，美丽极了。

"当然不难！"母亲毫不犹豫地回答说。于是，在没有任何参考服装图样的情况下，她居然为我做出了一件一模一样的绝妙晚礼服。

我穿着母亲刚刚做好的晚礼服站在镜子前，左右扭动着身体，倾听着白纱彼此摩擦发出的"沙沙"声响，注视着长裙旋转起来时的婀娜多姿。我的心里那个美啊！这时，我家的厨师伊玛和女仆索艾米一起跑进屋来，和我一起分享拥有自己的第一件晚礼服的喜悦。她们俩都羡慕得目瞪口呆，一边用手指轻轻抚摸着晚礼服上的层层白纱，一边不住地惊叹

[①] 狄安娜·窦萍（Deanna Durbin，又译"窦宾"），原名埃德娜·梅·窦萍，生于1921年12月4日，是20世纪三四十年代美国好莱坞著名歌唱家和影星。1936年在音乐短片《每个星期天》中初登银幕，同年由她主演的《满庭芳》获得巨大成功。1939年，年仅17岁的狄安娜·窦萍就获得了第11届奥斯卡金像奖青少年奖。2013年4月20日在法国去世，享年91岁。

道:"太漂亮了,小姐穿上它真是漂亮极了!"其实,我们身上的每一件衣服,都是母亲亲手缝制的,一把小小的剪刀只要到了她的手里,她就能剪裁出各种神奇而美丽的服装来。

母亲让我感到骄傲。客人们来到我家也都有宾至如归的感觉,我的所有朋友没有一个不喜欢她的。我们的家里布置得很有品味,每一面壁墙上都挂着漂亮的绘画和装饰艺术品,每一个细小之处都能体现出母亲的审美情趣。她是一个货真价实的家庭主妇,又是一个完美无缺的女主人,言谈举止优雅而极具幽默感。无论是大人还是孩子,都乐意同她相处,因为她总是能够发现每一个人的优点,而忽略他的不足。她对我们几个孩子也从来没有说过一句严厉的话,她把"唱白脸"的角色完完全全地留给了父亲。

其实,在整个童年时期里,我并没有见过母亲亲自做过所谓的日常"家务",因为我们有伊玛和索艾米为我们做饭和做清洁,然而母亲的双手却永远也没有闲着,她的时间都花在了实实在在值得去做的事情上。除了坐在那台"胜家牌"缝纫机前为家人缝制衣服和弹奏钢琴之外,母亲约瑟芬还有其他许多的爱好。她是泽比灵俱乐部的图书管理员和蔗糖厂的采购员,每月都要接听我们的销售代表从巴达维亚和苏腊巴亚[①]等大城市打来的电话,收集他们提供的各种消息和

[①] 即泗水,印尼语为"苏腊巴亚"(Soerabaja),是印度西亚爪哇岛东北部港市,爪哇的首府和外贸港口。

信息。

泽比灵俱乐部是整个蔗糖厂范围内的社会活动中心。那里除了有一个图书馆和一个商店之外,还有一个贵宾厅、一个酒吧、一个台球台和一间弹子房,当然,还有一个舞厅。这里是供蔗糖厂的所有雇员和他们的妻子交际的地方,供他们聚会、喝冷饮、闲聊和娱乐。

在俱乐部旁边就是那个网球场,每周根据不同的时间段分别对成年人和孩子们开放。当我长到十几岁并且当人们认为我打网球的水平已经足以同成年人对垒的时候,我一生中的另一个重要时刻就到来了。那一天,我平生第一次受到了成年人的邀请,将要第一次同女士们打网球。母亲特地为我缝制了一件全新的网球短裙。我紧张极了——岂止是紧张,我是害怕了——一直在心里反复回忆着父亲教给我的每一个打网球的要领。

真正的考验终于到来了。我同成年人的第一次比赛是单打,对手是当地人一致公认的最佳女子网球手艾克豪特夫人。其结果真是让我万万没有想到——我赢了。比赛结束后,艾克豪特夫人走到我的面前,伸出手臂热烈地拥抱了我,并递给我一杯刨冰风味饮料作为奖励。

现在回想起来,我们能够拥有这样一个充满爱的家庭和幸福的童年,真是莫大的造化。正是这种深深的爱在后来的艰难岁月里帮助我们顽强地生存了下来。

我们这个家的家庭成员，还应该加上五位当地的印度尼西亚人才算完整，他们都是在我们家工作的人。我们雇用了一个厨师、一个女仆、一个童仆、一个司机和一个园丁。我之所以把他们也称为"家人"，是因为事实上就是如此。他们为这个家作出的贡献、对这个家的忠诚和热爱是如此巨大，每次想起他们，我就禁不住热泪盈眶。

我们的厨师伊玛是一个温柔而坚强的小个子女人，虽然一只眼睛早已失明，但是在她的脸上却始终洋溢着温暖的微笑。我该用什么样的语言去描述她呢？她那双灵巧的双手随时都能做出一桌无以伦比的"印尼式米餐"，用英语直译过来就是"米饭桌"。这种"米餐"起源于荷兰殖民时代，以米饭为主食，佐以各式小盘菜肴，如辣牛肉、鸡肉、鸡蛋、鱼、蔬菜汤和辣椒酱。伊玛是母亲的骄傲，来我们家用餐的客人越是重要，伊玛就会做出越丰富的菜肴。虽然荷兰菜和印尼菜具有完全不同的风格，但是她同样也是一个烹制荷兰菜的行家里手。荷兰菜相当朴实无华：土豆、肉和肉汁，再加上一些欧洲常见的蔬菜，如青豆、胡萝卜和芦笋。有的菜当地并不出产，我们只能购买罐头。我无法详细说出制作这些菜肴的全过程，但是伊玛总能做得最好。在早已远去的那个殖民时代里，拥有一个好厨师被视为一个家庭最为重要的"资产"，正因为我家有这样一个烹饪专家伊玛，母亲常常成为众人羡慕的对象。

我们这些孩子都喜欢同伊玛一起待在厨房里玩耍，一个个蹲在地上，看着她在一个结实的圆石臼里捣制印尼辣酱——一种把辣椒、芫荽、小茴香和其他香料放在一起捣碎制成的调味酱。她会让我们轮流握着绞肉机的手柄摇上几圈，或者递给我们一把印尼扇子，让我们为木炭炉子煽一煽火。在伊玛的管辖范围之内，我们可以肆无忌惮地舔食平底锅里的炖汤，也可以用手指舔尝盘子里的各种美味。

伊玛有一个儿子，名字叫恰克，也就是我家的童仆。除了其他杂务之外，他的主要工作是餐桌服务，所以他始终穿戴得十分整洁。他是个相当聪慧的年轻人，做起事来一丝不苟。

父亲最大的业余爱好就是音乐，所以他教恰克如何管理他那些数不清的古典音乐唱片，如何把它们归类后放在不同的架子上，以及如何才能找到需要的唱片。常常萦绕在家里的美妙音乐也让恰克着了迷，他也渐渐爱上了古典音乐，并且以管理留声机为自豪，无论是转动摇柄还是更换唱针他都做得格外仔细。恰克对这些唱片有着自己的偏好，如果是他喜欢的音乐，转瞬之间就能找出来，比如弗朗茨·舒伯特的《未完成交响曲》或尼古拉·安德烈耶维奇·里姆斯基-科萨科夫的《天方夜谭》组曲[①]。

那个时候，泽比灵庄园还没有安装内部电话，各家各户

[①] 又译《舍赫拉查达》。

之间的通讯是靠一种老式的"通讯板"来进行的。那是由铰链连接在一起的两块镶在木框中的石板,像文件夹似的可以打开和合上,木框上用细绳拴着一支石笔。母亲把给某个朋友的"信"写在左边的石板上,"回信"则写在右边的石板上。恰克十分乐意充当"邮差"的角色,因为这给他提供了一个同其他家的佣人聊天的机会。不仅如此,在他等待对方写"回信"的时候,通常还能得到一杯冷饮。拿到"回信"后,他就把通讯板夹在腋窝里往回走,脑子里装满了佣人们最新的闲言碎语。

当时,每当我们家接到一封国际邮件都是全家人的重大事情,这些邮件主要是母亲的娘家人通过每月一趟的班轮从荷兰寄来的。恰克总是把来信盛在一个银盘子里,慎重其事地端到母亲面前,从而使得这件日常生活中的例行小事成为大家共同欢乐的喜庆大事。他一眼就能辨认出来自荷兰的信件,把信送给母亲的同时还会大声欢呼"荷兰来信了",脸上露出灿烂的笑容,不停地赞许地点着头。母亲拿到信后,恰克会心满意足地看着母亲急切地撕开信封,然后悄无声息地离开,享受到了我母亲的开心一刻他就知足了。

我还清楚地记得航空邮件开通时,我们那里出现的激动和兴奋场面。从荷兰到爪哇的第一个航班送来了第一批航空信,信纸特别薄。不过,早期航空时代也充满了危险,我至今也还记得一架荷兰航空公司的飞机发生的悲剧:飞机降落时坠毁并爆炸起火。事后，我们收到了人们从飞机残骸中找到的几封航空信，信封和信纸的几个角都被烧掉了。母亲脸上流着眼泪，千方百计想把残缺的信纸拼起来，结果还是未能如愿。

我们家的另一个佣人是索艾米，一位沉默寡言和喜欢嚼槟榔的女人，多亏了她的努力，我们的每一间卧室才能始终保持干净和整齐。索艾米的专属"领地"就是后院里的那口水井，她在那里用手浆洗我们全家人的衣物，仅有的工具就是一块搓衣板和一块黄色的肥皂。这口井围在一堵圆形的白色围墙之内，围墙上爬满了芬芳的茉莉花。每当我们看到索艾米把白色的床单平铺到后院的草地上的时候——热带炽热的阳光很快就会把它们晒干——就知道她的工作已经做完了。我们这些孩子们常常喜欢在井边玩耍，因为那里不仅凉爽而且始终香气袭人。那里也是我们经常的藏身之处，索艾米对此颇为恼火。但是，大概是因为她没有自己的孩子的缘故，她对我们非常疼爱。索艾米年纪轻轻的时候就成了寡妇，以后一直没有再嫁。时至今日，我的耳旁还经常响起那首印尼摇篮曲《妮娜波波》的美妙旋律，那是索艾米坐在我的床边，用她甜美的嗓音轻柔地唱过无数遍的歌曲。

我们家的园丁叫萨迪。他使用一把很特别的印度尼西亚镰刀修剪我们家的草坪，经他修剪后的草坪就像温布尔顿网球场一样整洁而美丽。

除了音乐，父亲的另一大爱好就是养热带鱼。家里摆放着许多水族箱，父亲教会了萨迪如何饲养这些鱼，但是一旦某条鱼死掉了，可怜的萨迪就只能独自受过。每当这个时候，就连我们这些孩子也会为萨迪难过。他这个人脑子不太精明，所以常常给自己招来不少麻烦。

最后还有我们的司机阿玛德。在其他所有人看来，阿玛德在奥赫恩家里从事的工作是最让人羡慕的，他本人也因此而感到特别骄傲！在阿玛德的精心呵护下，我们家那辆"雪佛兰牌"汽车始终处于无可挑剔的最佳运行状态之中；这辆车是他最大的骄傲和快乐的源泉。

我家的所有雇员始终同我们吃同样的食物，他们的衣服则是由他们自己选择、我母亲提供的，并且每年印尼新年到来的时候，母亲都会确保他们得到一套全新的衣服。

我们一家人都热爱这些忠诚而勤劳的雇员，他们同我们共同分享着生活中的一切，无论是健康还是疾病，也无论是欢乐还是痛苦，他们是我们家庭中名副其实的成员。自打孩提时代起，每当我们遇到麻烦或者需要特殊帮助的时候，我们就会趴到他们的肩膀上哭泣、求助。我哥哥瓦尔德是在阿玛德手把手地教授下学会驾驶的；我会做"印尼米餐"，也是伊玛教的——她允许我待在厨房里，观察和学习烹饪"米餐"的全过程；母亲常犯头疼病，是伊玛用她那双强有力的手和娴熟的技巧为母亲按摩，让她一次次摆脱了病痛的折磨。

爪哇有一种水果叫树番茄，当地人又称之为"荷兰茄子"，是一种只生长在半山腰较为凉爽气候条件下的茄属、茄科植物的果实。当地荷兰人都非常喜欢这种水果。有一位爪哇小贩经常专程从大约100公里外的山中来到我家，把新鲜的树番茄卖给我们。

他每次都是把树番茄分装在几个篮子里，再把篮子挎在肩上，脚下只拴着两片橡胶皮，然后从山中徒步来到我家，单程大约需要四天的时间。他完全可以把这些水果卖给离他家近一些的买主，但是因为他知道我母亲每次都会买下他送来的全部树番茄，所以宁愿舍近求远，长途跋涉把树番茄卖到我家来。

他每次来到我家的时候都已经累得精疲力竭，有时候还因为发烧而牙齿不停地打颤。孩子们都把他视为一个英雄，一个从远方的山中一步步走来的了不起的汉子。他到来后，家里人会首先把他带到后廊上的厨房里，伊玛会为他端上一碗米饭和蔬菜汤，然后再送上一杯浓浓的黑咖啡。

当晚，他会在我家留宿一夜，第二天又踏上遥远的归程。出发前，母亲总会额外送给他一些治疗疟疾的奎宁药片和一些给他孩子们的糖果点心。这时，他那张饱经风霜的脸上就会露出心满意足的微笑，向我们一一道过"再见"之后离去，而我们看着他渐渐远去的身影却已经开始期盼着他的下一次到来。

除了这位水果小贩之外，还有另一位我们家非常期盼的常客——一位走街串户的中国商人。他卖的都是各种亚麻布制品，上面都有漂亮的手工刺绣图案，比如桌布、餐巾、手绢和枕头套等，琳琅满目的一大堆。他是一位十分聪明的商人，而且推销起来非常具有说服力。

母亲每次看到他的时候总是说："不，我不能再买中国刺绣品了。"这时候，我们孩子们就会央求道："妈妈，我们只是看一看，行吗？"然后，大家就一拥而上，围在他身边看着他不紧不慢地摆出一件件精美的绣品。这个展示的过程每次都会花去长达半小时的时间，而且最后一件件收起来时又会再花去半个小时。在这个巧妙设计的展示过程中，母亲最终都会买下几件他的商品，大多数都是亚麻布绣品。每年圣诞节到来前，母亲就会把这些绣品集中打包寄到荷兰老家去。母亲当年买下的部分绣品至今依然保留在我们荷兰亲属的家里。

当地的爪哇孩子们也经常跑到我家来兜售他们抓到的各种动物，瓦尔德、艾莉娜和我每次看到那些蜷缩在小笼子里无法动弹的可怜生灵，就会心疼得流泪，哭喊道："妈妈，我们把它买下来吧……求求你，行吗？"所以，多年来我家宽大的后院里就渐渐地住进了一大群各种各样的动物，除了我们饲养的那几条德国牧羊犬之外,还有一只食蚁兽、几条蛇、几只乌龟、各种鸟、一只赤颈鹤、一头鹿、几只豚鼠、一只猴子和一群野鸡!这些动物不仅使我们的童年生活变得更加丰富多彩,而且让我们学会了尊重和爱护动物。发生在那只我们取名为"雅各布"的赤颈鹤身上的故事,就是其中的一个典型例子。

一天,一个当地男孩带着一只他抓到的小鹤来到我们家里,要把它卖给我们。这是一只小赤颈鹤,被关在一个很狭小的笼子里,它瞪着一双圆圆的眼睛向外张望着,为了逃出囚禁它的牢笼,它不时用喙拼命地敲啄笼子,因此喙部已经受伤,开始流血。我们几个孩子都很可怜这只小赤颈鹤,母亲见此情景深受感动,于是拿出一个相当于25分的硬币递给那个男孩,我们立刻把小鹤从笼子里解救了出来。

接下来,孩子们开始商量起来:"我们给它起个什么名字呢?"最后一致认为"雅各布"最好。从那以后,我们就经常专门到小溪里抓来小鱼和鳝鱼,作为"雅各布"的食物,而"雅各布"也在我们的精心喂养下很快长大,出落成一只美丽的赤颈鹤。"雅各布"是一只非常驯服而温顺的鸟,看得出来它对住在我家后院里也感到很快乐。我们都喜爱它,不想失去它。为此,父亲特地把它翅膀上的羽毛剪去了一小部分,使它既可以飞起来又难以飞到远处去。"雅各布"特别喜欢飞到后院的白色围墙上,那里是它昂首天外的首选之地。

"雅各布"也有一些非鹤类的古怪行为。在我家后廊上有一个洗衣池，母亲总是把一块肥皂放在池子里，不知从什么时候起这块肥皂就成了"雅各布"的食品。也许，它认为肥皂就是一条鱼！它接连几次飞到洗衣池里，用它长长的喙叼起肥皂，然后一仰脖子就把它整个吞进了肚子里。幸运的是，吃到肚里的肥皂似乎并没有对它造成任何伤害。为了防止它再吃肥皂，母亲不得不改变习惯，把肥皂藏到了"雅各布"无法找到的地方。

就这样，"雅各布"同我们一家人十分融洽地生活在了一起。渐渐地，父亲认为已经没有必要继续剪掉它翅膀上的羽毛，我们也都相信它永远不会离开我们了。一年的时间转眼就过去了，有一天，当"雅各布"依然昂首挺胸地站在围墙上的时候，它突然发现了一群大鸟正从我家的上空飞过。那正是一群赤颈鹤，是"雅各布"的同类，时值它们的繁殖季节，于是便成群地飞到了爪哇来。我们在一旁静静地观察着"雅各布"，只见它略微歪着头看着天空中飞翔的鹤群。突然之间，它振翅飞了起来，义无反顾地尾随着那群鹤飞走了。

我们觉得，"雅各布"作出这样的决定一定也很艰难，不过它最终还是选择了跟着自己的直觉走。我们一直无声地站在原地，仰望着天空，目送着它加入到自己的新家庭之中。看着它渐渐远去的身影，大家都感到很悲伤，我们以后无疑会想念它，不时回忆起它那些独特而滑稽的行为——它又大又长的喙发出的"咔咔"声响，以及瞪着一双期盼的眼睛站在后廊上等待早餐的神情。然而，虽然我们确信自己再也不会看到它的身影了，但是却依然为它能够重返大自然感到很欣慰。

一年后的一天，我父亲同两个爪哇工人一起在甘蔗园里工作，其中一人突然用手指着天空喊道："奥赫恩先生，快看哪，一群赤颈鹤！"他们发现，在这群飞翔的赤颈鹤队伍的后面，跟着另一只孤独的鹤，并且很快就看出来这只鹤很像"雅各布"。接下来，这只鹤离开了鹤群，开始在他们头顶上方盘旋。父亲这时已经看得十分真切，那就是"雅各布"，因为它翅膀上的羽毛边沿依然长短不一，那是被他修剪后留下的痕迹。

回到家时父亲激动不已，高声把我们叫到一起，说道："你们猜不到吧，'雅各布'回来了！我今天看到它了！"我们纷纷叫道："我们知道了，我们知道了。你快来，到后院看看吧。"在我们后院的白墙顶上，同样是原来的那个地方，昂首挺胸地站着我们的"雅各布"，就好像这一年来它根本就没有离开过。看看它那个神态，好像正在说："快点啊，我的晚餐呢！"从那以后，"雅各布"就再也没有离开过，成为了我们家多年的真正宠物。

我们家还有另外一个常客，而且是我们这些孩子们最为期待的客人，那就是当地的一个小食摊的摊主。他总是带着一套自制的便携式炊具四处叫卖,就算他出现在几英里之外我们也能立刻闻到他那个小食摊发出的诱人香味。每当夜幕降临之后,他就会出现在大街上,炊具担子上挂着几个叮当作响的铃铛和几个红红的小灯笼,一路走来好不热闹!

每当我们听到他熟悉的吆喝声,就会一起跑到大门前,招呼他进来,然后开始央求父母让我们尝一尝他最拿手的美食。在众多小食摊中,只有他一个获得了我父母的首肯,允许我们买他兜售的食品吃。他做的沙嗲烤鸡肉串和沙嗲烤猪肉串以及鲜美绝伦的沙嗲酱,是我这辈子所吃到过的最美味的小吃!我们每个人手里都拿着一个盘子,蹲在这位和蔼的小摊贩身边,目不转睛地看着他拿着一大把肉串在燃烧的木炭上仔细地翻烤,从肉串上冒出来的缕缕烟气,闻起来简直让人垂涎欲滴。

在我的大妹妹约瑟芬出生之前,我是家中三个孩子中最小的,并且被视为我母亲的"第一个翻版",在整整八年的时间里尽情享受着父母的宠爱。我哥哥瓦尔德一直是我崇拜的英雄,我们俩相处得十分融洽。他曾经多次把我从困境中解救出来,比如我那次掉进河里,是他把我从河水中捞了上来;又比如,有一次一条大蟒蛇突然窜到了我的面前,是他冲上前来杀死了蟒蛇；还有一次，我们爬山时在热带雨林中走迷了路，还是他镇定自若地带着我往前走，最终安全地走出了丛林。危急时刻，瓦尔德总能应付自如，他生来就是一个完美的领导者。

他还会自己制作玩具士兵——把铅块熔化，倒入各种各样的模子里。然后再给"士兵们"一一画上军服，并且不同国家的士兵还要穿着不同的军服。瓦尔德喜欢在他卧室前的走廊上用玩具士兵排兵布阵，我则喜欢待在一旁静静地观看。他很善于整体谋划，创造出令人惊叹的不同战争场面——岩石、沙包和植物，应有尽有，就好像一场真正的战斗正在走廊上打响。

在瓦尔德的战争游戏中，法国"部队"始终是胜利者。他有时也让我参加"战斗"，不过我必须听从他的指挥和命令，这样一来我的"部队"当然也就始终难逃失败的厄运。

瓦尔德在中学的最后那一年得到了他的第一条长裤，为了他人生中的这一个重大时刻，我们一起为他举行了庆祝活动。我们都为他感到骄傲，因为穿上长裤的瓦尔德突然之间就变成了一个大人。中学毕业后不久，他就离开家远赴荷兰，到位于布雷达的皇家军事学院学习。

在第二次世界大战德国占领荷兰期间，瓦尔德被德国人抓走，关进了设在德国境内的一个集中营。他幸存了下来。战争结束后，他加入了荷兰军队，后来成为了一名将军。瓦尔德的一生始终让我感到骄傲。

瓦尔德离开家之后，我一直非常想念他。在我看来，甚至我们的家也因为他的离开而失去了往日的精彩，因为他在我幸福的童年时代中所扮演的角色实在是太重要了。他的离开仅仅带来了一件令我感到欣慰的事情，那就是从这个时候起我和姐姐艾莉娜各自拥有了自己的卧室。因为艾莉娜现在成为孩子们中的老大了，所以她得到了那间靠走廊的房间，这让我羡慕不已。

艾莉娜是一个心灵手巧且极具艺术天赋的人。在我们家有一个传统——每当有人生日来临的时候，我们就会把他或她在餐桌前的座椅装饰得漂漂亮亮的，这是庆祝活动中不可或缺的一个内容。在这件事情上，艾莉娜始终是毫无争议的第一好手，她的脑子里总会产生出各种奇思妙想，利用不同材料创造出不同的装饰效果——鲜花、绿叶、皱纹纸、彩带，无一不用——而且每次的设计都绝不会重复。

她是我们家里最文静的孩子，也是最温柔的一个。她在许多方面都表现出聪慧过人的特点，无论遇到什么困难她都能妥善处理，这种本事有时会让我嫉妒得生气。她还经常帮助我做家庭作业，她在我心目中的角色常常很像我的母亲。每当我遇到什么问题却又不敢问我母亲的时候，我就会去问艾莉娜。

就拿我第一次来月经为例吧。那天早上艾莉娜一眼就看出了我脸上困惑和忧虑的表情,发现我第一次来了月经,于是立刻帮助我进行了处理。在那之前,我曾经看见衣柜最上面一格里放着一些形状奇特的小毛巾,由于无法完全看清楚,总觉得那些东西有些神秘。就在这个时候,艾莉娜伸出手从衣柜里取下了一条那样的小毛巾,把这个我家自制的卫生巾递到了我的手里,接着又用她那一贯简洁明了而又若无其事的口吻对我解释说,从现在起我每个月都会用到这个东西。然后,她又教会了我如何使用这种毛巾。

她拍拍我的脑袋,温柔地对我说道:"你现在已经成为一个大姑娘了。"这就是我孩提时代所接受的性教育。当时,我心里并不懂得此话的道理,我内裤上的斑斑血迹怎么突然之间就把我变成一个"大姑娘"了呢?

那天晚些时候,我听见艾莉娜对母亲说:"扬来月经了。不过,你不用担心,我已经把一切都告诉她了。"我想,母亲听了艾莉娜的话,大概也就放心了。然而,母亲其实并不知道艾莉娜所说的"一切"并非一切——女人为什么要来月经,或者说月经同性生活、怀孕乃至生育的关系是什么,她都没有告诉我。

虽然说我们的衣服都是母亲亲手缝制的,我们每个孩子从来都穿戴得漂漂亮亮的,根本没有抱怨的理由,但是,每当看到其他人家的姑娘们穿上了"买来的"新衣服的时候,我仍然会感到十分羡慕。在我大约15岁的时候,住在三宝垄的亨利叔叔——也就是我父亲的弟弟——和科丽婶婶捎话来说,婶婶刚刚在当地开了一家服装店。母亲很兴奋,立刻决定去亲眼看看。于是,那一周的星期天司机阿玛德就开车把我们送到了三宝垄。一走进科丽婶婶的服装店里,我立刻就被展架上挂着的一排排漂亮衣服吸引住了,简直无法相信自己看到的一切。

科丽婶婶不无骄傲地说道:"这些衣服全部都是从美国进口的。"我惊愕道:"美国服装!"我轻轻抚摸着那些服装,心中不禁想道:"这些衣服简直就同美国电影明星们穿的衣服一样的漂亮。"科丽婶婶看出了我内心的渴望,对我们说道:"你们两个姑娘每人可以挑选一件。"艾莉娜和我难以置信地彼此看看,然后又看看母亲和科丽婶婶,同时问道:"真的吗?我们真的可以得到一件这样的衣服吗?"

于是,我和艾莉娜开始在一排排令人眼花缭乱的服装里挑选自己的衣服,那一刻真是让人兴奋不已,心中的喜悦之情更是无以言表。一想到我马上就要得到一件新衣服,我的心就狂跳个不停。突然,我看见它了!我从衣架上取下一件浅绿色的连衣裙,上面带有漂亮的碎花图案;衣裙上配有两个可爱的泡泡短袖,前胸和后背上分别镶有一个钻石形状的花边装饰。这就是我的第一件真正"买来的"衣服,这一辈子我都会喜欢它并把它永远铭记在心里。从此,我有生以来首次拥有了一件后背上缝有一个小商标的衣服,这件衣服立刻成为我"最好的"衣服，在此后的很多年里，只有在特殊的日子里我才会把它穿在身上。

约瑟芬和塞莱丝特当时都很小，对时装世界还没有丝毫的兴趣。对艾莉娜和我说来，科丽婶婶的服装店简直就是整个三宝垄市最让人着迷的地方，而约瑟芬和塞莱丝特则不同，她们俩对母亲制作的连衣裙已经感到心满意足了。

在一座蔗糖厂的环境里生活，不时会碰上激动人心的日子，尤其是在丰收的喜庆时节。每当第一批收获的甘蔗送到工厂里来的时候，人们都会举行庆祝活动，无论是荷兰人还是印度尼西亚人，在接下来的几天里都要为蔗糖厂的开工而大大地热闹一番。

庆祝活动中还包括一顿丰盛且带有娱乐节目的"好运宴"，这是专门犒劳工厂里所有爪哇工人的。娱乐节目包括爪哇当地的假兽舞，表演者穿戴着各种野兽和怪物的面具和躯壳表演，其中有一条龙，小时候见到它我就害怕。晚上还有夜市和杂耍表演，不过整个庆祝活动的高潮还是"节日舞会"，四方八面的人都会赶来参加。

这个舞会通常都在蔗糖厂里的一个宽敞的厂房里举行。因为父亲既是一个优秀的组织者又是一个极具创造性的艺术家,所以每次都是由他负责把这间单调的厂房装饰成一个漂亮的舞厅。他会带着几十个爪哇工人完成这个惊人的"蜕变",设计出最富于想象力的环境,创造出最具有外国情调的氛围。

有一年的舞会主题是"小鸟天堂",舞厅里挂满了色彩鲜艳的各种鸟类模型和巨大的鸟形纸灯笼,把整个舞场照得如同白昼一般。另一年的主题是"埃及沙漠",舞厅里出现了狮身人面像和金字塔。还有一年是"巴黎黑猫夜总会",结果到处都是硕大无比的"黑猫"。

那一年我刚满16岁,正好到了可以参加"节日舞会"的年龄。母亲特地为我和艾莉娜缝制了专门参加这个舞会时穿的新连衣裙。艾莉娜的年龄比我大,所以她得到的是一件及地的全长连衣裙,而我的连衣裙的长度只有3/4,因为我的年龄还小。在我的少年和青年时代,这是我经历的最激动人心和最为重要的一件事。

那时候,我就像是一朵名副其实的"壁花",同其他几个年轻姑娘一起傻傻地坐在舞厅的一边,我们心里都很清楚,除了自己的父亲之外,根本不会有人来邀请我们跳舞。不过,能够参加这个舞会、看着成年人尽情跳舞,我已经非常满足了。

就在这个时候,我突然发现一位英俊的年轻男子同他父母一起走进了舞厅里。在那之前,除了电影里的明星之外,我还从来没有亲眼见过如此帅气的小伙子。身边的姑娘们立刻开始窃窃私语起来,说这个人名叫弗雷德,26岁,他父母刚刚搬到泽比灵来,他本人独自住在三宝垄市,因为他在那里工作。

紧接着,乐队奏起了第一支舞曲,是当时非常流行的歌曲《老好人》,一对接一对成年男女携手走进了舞池。令人惊讶的是,弗雷德这时却突然向我们这几个坐在墙根下的姑娘走来。

他会邀请谁跳舞呢?每个姑娘的心里想的都是这个问题。

他径直走到我的面前,优雅地鞠了一躬,问道:"我能邀请你跳这个舞吗?"

我激动得立刻涨红了脸,如此难以置信的事情竟然发生在了我的身上!我有些结巴地回答道:"我、我的舞跳得不好。"

就这样,他搂着我跳起舞来,我们在舞池中尽情地旋转。我们俩竟然跳了一个晚上。天哪,这对一个刚刚16岁的少女来说是多么美好的事情!我的第一个舞会真是棒极了!

··❀··❀··❀··❀··❀··

虽然瓦尔德、艾莉娜和我都喜欢游泳和网球,但是相比其他运动项目而言，我们更喜欢爬山，尤其是爬祖父家所在地班多恩干附近的那些山，比如欧恩加兰山。这座山有两个较小的侧峰，一个叫拉帕克峰，另一个叫根多尔峰。这两座山峰都被我们征服过，而且据我们所知，在我们之前还没有人爬到过根多尔峰的峰顶。为了证明我们确实登上了山顶，我们拿出事先准备好的镜子，向远在山脚下的家人和朋友们发出了信号。那天我们一大早就出发了，天快黑的时候才回到家，我们每个人的腿上都布满了树枝和荆棘留下的划痕。

除了这些活动之外，我们还常常到位于歌东松戈的几个高山印度寺庙和位于安佩尔佳丁山腰上的一个农场里玩耍。这个农场属于一对日本夫妇。我们每次走到他们农舍门口的时候，都会受到这对夫妇的热情欢迎。他们会十分友好地把我们请进他们的屋里，给我们喝他们农场自产的新鲜牛奶，然后带着我们在农场中参观。他们对我们真的非常友好，对我们的不期而至总是热情相待。战火燃烧到爪哇之后，人们才得知这对夫妇原来是日本派来的间谍，真是万万没有想到啊！他们的那个农场正好位于安佩尔佳丁山的半山坡上，山下广阔的区域和战略要地可以一览无余。

在日本侵占爪哇之前的几年里，许多日本商人来到了爪哇。这些人都是日本精心策划后派来的探子，其目的就是为日后的入侵作准备。就连多次为我们家拍照的那个"友好"的日本摄影师，结果也是一个间谍。这个人在三宝垄一带很受欢迎，我们家的照片中有不少都是他拍摄的，其中就包括本书封面上我的那张照片。当这些日本人满脸堆笑不住地向我们点头哈腰以示友好的时候，却一直在暗中处心积虑地把我们推向毁灭的深渊。

我的学校生活是从三宝垄市的天主教方济会小学开始的，这所学校就位于该市的主要街道波东大街上。每天一大早，我从家里坐着校车出发，一个小时后才能到达学校。

学校每天第一堂课的上课时间是早上七点，放学时间是下午一点，也就是说我回到家的时间始终是一天中最热的时候。正午的炎热常常使得我们的印尼校车司机昏昏欲睡，所以车上的孩子们不得不轮流坐到他的身边，密切地观察着他的一举一动，一旦发现他闭上了眼睛、耷拉下脑袋的时候，就立刻用手戳戳他的肋骨，让他清醒过来。

方济会小学的教师们都是修女，对我们的要求非常严格，但是我们都热爱和尊重她们。在大萧条时期，父亲的收入减少了一半，已经难以负担孩子们的学费，但是心地善良的修女们却允许我们不交一分钱继续在校学习。

1993年，我第一次回到了这所小学，重温当年的美好时光。学校的规模已经扩大了许多，然而那幢老教学楼的主体部分却依然如故。再次走在通往教学楼门廊的碎石路上，一种无比神奇的感觉从心中油然而生；门廊的墙上挂着战前在学校里任教的荷兰修女的照片，我立刻就认出了其中的一些人，怀旧的热泪禁不住流下了我的脸颊。

在那些照片的下方摆放着一张大理石桌面的桌子，我也认出了它——当年它就摆在校长西维尔修女的办公室里。看着这张历经沧桑的桌子，我不禁想起了58年前自己羞愧满面地站在它面前的情景。

那年我读七年级，而且是西维尔修女教过的奥赫恩家的第三个孩子了。那天，我提前到达了学校。走进教室后，我发现架子黑板的背面写着当天历史考试的试题。我简直不敢相信自己竟然如此幸运！虽然黑板已经上下颠倒翻了个个儿，但是我歪着头还是完全可以看清楚每一道试题。于是，我拿出笔记本开始把试题抄下来，可是就在这个时候我突然听到了玫瑰念珠相互摩擦发出的声音。要掩盖自己的作弊行为已经不可能了，西维尔修女已经走进了教室里，我被抓了个现行。我立刻感觉到了自己脸上火辣辣地发烫，心中充满了可怕的羞耻感。

"你怎么能做出如此不诚实的事情呢！"西维尔修女呵斥道，"你，扬，这里有那么多的学生，可偏偏是你这个奥赫恩家的孩子干出了这样的事情！"奥赫恩家的人都是虔诚的天主教徒，我们家庭在整个社区里都享有极高的声誉。在三宝垄市里，甚至有一条名叫奥赫恩的街道，那是为纪念我的爷爷而命名的。我的哥哥和姐姐也都是学校里最优秀的学生和运动队的队长，他们在各个方面都表现出了优秀的品质。我这个不太聪明的孩子始终都挣扎在他们的光环之下，根本无法望其项背。

我确实感到自己辱没了整个家族的好名声，但是也确实想不明白我为什么会突然做出此等可怕而令人羞耻的事情来。历史课一直是我学得最好的科目之一，就算事先不知道那些考题也照样难不住我。然而，事情就是发生了。我已经犯了错，西维尔修女下决心要给我留下一个深刻而长久的记忆。她把我叫到了她的办公室里。在那里，我就是站在这张大理石桌面的桌子面前，羞愧地低着头，老老实实地听着校长苦口婆心地向我阐述一个12岁小学生应有的良好品德。当然啦，不诚实自然不是良好的品德。西维尔修女是一位非常聪明的老师，她从来不会要求我们写什么"检讨"之类的东西，而是总能找到一种让我们受益的惩罚方式。我已经看见了，大理石桌面上放着一本《圣经·新约全书》。

"把书拿起来。"她对我说道，"找到圣保罗的'以弗所书'，第五章。"

我从桌上拿起那本《新约全书》，颤抖着双手开始翻找"以弗所书"。

"往后找。"她接着道，"圣保罗的信在'使徒行传'的后面。"

我暗自想：如果我知道"使徒行传"在哪里，事情不就简单了。我拼命地一页一页地翻看着，最后还是在西维尔修女的继续指点下才终于找到了"以弗所书"第五章。

"现在，你读给我听，从第七行到第九行。"她非常温和地对我说道，"大声读，要读清楚。"

"从前你们是暗昧的，但如今在主里面是光明的，行事为人就当像光明的子女。光明所结的果子就是一切良善、公义、诚实。

"你想想看，能不能从中悟出主对你的希望。这同黑暗中的无果行为毫无关系，而是要通过比较把这些事情暴露在光天化日之下。凡是偷偷摸摸做的事情，都是人们难以启齿的龌龊之事；但是，把它们暴露出来就使它们得到了光明，任何事情一旦得到了光明，就会变成为光明。"

我抬起头茫然地看着西维尔修女，不知道接下来她还会要我做什么。

"你要牢牢地记住这个道理。"说到此，她抬起手示意我可以离开了。

尽管第二天西维尔修女并没有要求我背出这几句"以弗所书"中的内容，但是结果是一样的——它们已经从此深深地铭刻在了我的心里。

离开方济会小学善良的修女们之后，我进入了三宝垄中学，同样也在波东街上。这是一所男女合校的学校，校舍带有明显的殖民时期的风格——粗壮的柱子和楼前入口处宽大的石阶。校园内长着高高的当地树木，给师生们提供了舒适的阴凉环境；主楼两边各有一幢侧楼，侧楼里也全是教室。浓荫下的长廊和校园里的小路，是女学生们漫步休息的好地方。我们的老师都很棒，我又很快交上了许多好朋友，甚至直至今日，一些当时建立起来的友谊依然还在延续。在那个岁月里，我度过了多少个无忧无虑的舒心日子！就是在这样一种饱受宠爱和呵护的幸福环境中，我慢慢地长大了，要是没有日本人的入侵，我也会成为那个纯洁一代中的一分子，同其他姑娘们一样带着童贞之身走进洞房。

・・❀・・・・❀・・・・❀・・・・❀・・

中学毕业以后，我又回到了离我小学不远处的另一所学校——方济会师范学院，而学习期间的所有教学实习活动则都是在我的母校里完成的。

方济会的修女们对我产生了巨大的影响。在这所师范学院里，虽然部分课程是由世俗老师教授的，如体育、地理、教学法、法语、德语和英语，但是音乐、历史、荷兰语和心理学却都是由修女教师教授的。宗教教育、教会史和神学则是由来自于三宝垄市近郊神学院的天主耶稣会教士教授的。

这些修女们在我心里激发出了巨大的好奇心。虽然她们的脸都隐藏在神秘的面纱之后，她们的生活习惯也与我们的不同，但是她们身上却散发出一种宁静、纯洁和祥和的气息。我经常一大早就提前来到学院里，悄悄地溜进小教堂，躲在角落里静静地看着她们祈祷。不知道为什么，每当看到她们开始虔诚默祷的时候，我就会情不自禁地默默祷告。

我喜欢从教堂里传来的钟声。那悠扬的钟声在女修道院和校园长廊里回荡，随即溢满了矗立着圣心雕像的广场。我主伸出双臂，用充满仁爱的目光俯视着我们。正午时分，祈祷的钟声就会响起，无论我们在干什么都会停下来，一起背诵"奉告祈祷"。

每次背诵"奉告祈祷"都会让我烦乱的心情得到舒缓。在每天忙忙碌碌的尘世生活中，它总会给我带来宁静的一刻，使我得以在静若止水的心境中自由地呼吸和沉思。

我喜欢用唱歌来放松心情。我们的音乐教师雷迪西亚修女教会了我如何演唱脍炙人口的《格列高利圣咏》。在她极富表情的指挥下，音乐就具有了生命力。我只要看着她，就知道自己该如何演唱。

宗教、钟声、教堂音乐、祈祷和纯真美德的布道渐渐充满了我的整个内心，有一天我自然而然地突然意识到了，宗教生活才是我的天职，这就是神召。这个念头使我的内心感到了极大的喜悦。我找到雷迪西亚修女，告诉她说我想成为一名修女，她听后非常高兴。她告诉我说："扬，你一定会成为一个虔诚的修女的。"第二天，她特地送给我一幅《圣母怜子图》——圣母玛利亚怀抱着基督的尸体。她还在这幅图的背面为我写下了一句特别的祈祷词。这幅圣画我一直保存至今。

为了鼓励我实现自己的心愿，我获得了进入修女们使用的大图书馆借阅图书的特许。不过，我的这个想法还只有修女们知道，其他任何人尚不得而知。

· · ❈ · · · ❈ · · · ❈ · · · ❈ · · · ❈ · ·

就在我在方济会师范学院读书期间，第二次世界大战开始席卷整个欧洲。1940年5月10日，德国军队侵入了荷兰，四天后荷兰投降。在我们为生活在荷兰的亲人们忧心忡忡的同时，我们也不禁暗自庆幸自己生活在远离战火的荷属东印度群岛上，战争无论如何也不可能蔓延到我们的身上。

现在，我们这里的所有人也都开始努力为欧洲的战事作一份贡献。在师范学院里，我们举办了各种活动和音乐会，为英国皇家空军购买"喷火式"战斗机募集资金。每天清晨一到学校里，我就打开收音机收听最新的战报。

1941年12月17日，日本人偷袭了珍珠港。第二天一早，我就听到学校广播里传来了这样一条消息："现在，美国人很可能参战。"我听出那是我们的历史老师维克托瓦尔修女的声音。

我永远也不会忘记这个不平凡的早晨,那天——12月8日——也正好是圣母玛利亚的"无原罪瞻礼",又称"圣灵感孕节"。突然之间,形势急转直下,战争转眼之间已经近在我们眼前了。此后不久,菲律宾落入日本人的铁蹄之下,但是我们仍然抱着一线希望,以为爪哇还是安全的。那时父亲47岁,当年早些时候他就已经被荷兰军队征召入伍,母亲不得不独当一面,在极度艰难的时局中维系着全家人的生活。

1942年2月15日,新加坡也在日本人的疯狂进攻下投降了。新加坡的沦陷终于使我们这些生活在爪哇的人意识到:日本人踏上我们的海岸只是一个时间早晚的问题。整个国家立即开始了备战,但是面对各种不确定的因素,没有人知道我们真正该做些什么。

我祖父认为,他在班多恩干山中的家相对安全,建议我们全家搬到他那里去住。于是,母亲、我和两个妹妹——芬和塞莱丝特,开始准备离家逃难。我们也以为,只要躲进了山里,至少可以远离危机四伏的海岸线。

家里的佣人们也纷纷感到不安,母亲给他们每个人提前支付了一大笔工资,但是却无法告诉他们我们什么时候才能够回来。她向他们保证说:"艾莉娜会不时回来看看的,她会同你们保持联系。"

艾莉娜当时住在三宝垄,她已经是荷兰东印度群岛铁路公司的雇员。母亲对自己作出的决定深感不安，同时又时时刻刻担心着我父亲的安全。看到她伤心痛苦的样子，我突然意识到，从现在起我必须成为她可以依赖的家庭支柱。

我们开始打包装箱，只要我们的汽车能装下的东西就尽量带走，因为我们根本不知道自己是否还能再次回到这个无比温暖的家里来。阿玛德是司机，所以他将和我们同行，开车把我们送到班多恩干祖父的家里去，整个车程需要两个小时。家里的各种细软、具有纪念性质的物品、母亲的首饰、几本相册以及我们必须的衣物，开始一一装进汽车里，结果我们发现，所有人加上这些必需品无论如何也是无法一次运走的，阿玛德必须再跑一趟。

我站在自己的房间里，难以决定哪些才是我必须带走的东西。眼前的所有东西在这个时候都突然具有了全新的意义，当我想把它们留在身后、弃之不顾的时候，它们却都变得无比珍贵了。我从墙上取下了我的十字架，把它放进箱子里不会占用太大的空间。我又拿起了《圣经》、祈祷书和玫瑰念珠，最后拿起了《圣徒之书》——不久前我刚刚进行了第一次"避静"，也叫"退省"，即在七天的时间里完全离开日常的俗世生活，在修道院里独自静下心来祈祷和默思。"避静"结束之后，我得到了这本书。

我打开衣橱，开始选择必须带走的衣服。我首先看到的是我的第一件长晚礼服。可是，这件晚礼服上带着层层叠叠的薄纱，带上它会占据不少有限的空间。我把它取下来举在胸前，看着镜子里的自己。过了一会儿，我还是含着眼泪把它重新挂在了衣橱里的衣架上。我最终选择了几件喜欢的旧衣服，把它们一一仔细地折叠好，放进了我的箱子里。我当时哪里知道，就是这几件旧衣服将伴随我度过今后长达三年半的艰难岁月。

离别的时间到了，该对我们这个大家庭的几位善良的雇员——伊玛、索艾米、恰克和萨迪——一一道别了。多年来，他们一直就是我们家庭的一部分，但是我们却没有选择的余地。他们应该是安全的而我们不是，因为日本已经同荷兰宣战，却并没有同印度尼西亚宣战。对他们说来，失去工作将使他们陷入极大的生活困难，尽管如此，恰克仍然对我母亲保证，他会看好我们的房子并且照顾好艾莉娜的狗，直到艾莉娜来把它领走。我内心里隐隐约约地感觉到，我再也不可能见到我们的这个家和这几位我深深热爱的朋友了。

我们开始向他们一一道别，所有人都难过得流下了热泪。我们把彼此紧紧地拥抱在自己怀里，长时间不肯分开。厨师伊玛一直是我最喜欢的人，突然之间我感到她娇小的身体在我的双臂中是那么的脆弱。她为我们全家做过数不清的美味佳肴，我们每天放学回来都会从她那里得到特别的"犒劳"，在她的厨房里我们曾经度过了多少开心的时光、品尝过多少香喷喷的菜肴、用我们的手指抠吃过多少她做的花生酱和荷兰早餐糕上的面酱！我找不到足以能够表达我们的谢意的语言，也难以置信我们竟然不得不逃离自己的家园，不得不把这些善良的人们留在身后。接下来，阿玛德拉开了车门，我们一个个挤进了汽车里，依依不舍地离开了。就这样，一个幸福的时代从此结束了。

······❋······❋······❋······❋······

来到班多恩干，我们开始同祖父住在一起，这使他感到很高兴。在那个动荡不安的年代里，一家人能够共同生活在一起无疑让人感到安慰和安全。就在我们逃到祖父家后不久，政府下达了如下命令：一旦政府发出日本人即将登陆的警报，一切有可能被日本军队利用的资源必须立即摧毁。没过多久，这个警报就发布了，于是所有的桥梁都被炸毁，火车、船舶、机动车、卡车、马匹和工业机器无一幸免，通通都被毁掉了。

在泽比灵家中的时候，父亲多年来一直有一个习惯——早餐前他都要骑上他那匹名叫"杰克"的澳大利亚骏马在附近跑上一圈。他也是一个相当熟练的骑师，骑马不仅给他带来了莫大的乐趣，也使他的精神状态得到极大的放松。我们一家人都知道父亲对这匹马的热爱，所以我们把"杰克"也一起带到了班多恩干，寄养在离祖父家不远处一户人家的马厩里。销毁战争资源的命令下达后,我们都意识到这匹马和我们家的汽车都必须被"销毁"。

枪杀"杰克"的时候,我无法目睹如此可怕的场面,一个人远远地躲开了。我清楚地记得枪声传来的时候心里的感受,就好像有人无情地射杀了我的父亲。

母亲不得不忍痛把销毁汽车的决定告诉了阿玛德。这辆"雷诺牌"轿车是父亲一年前刚刚买下的,几乎就是一辆全新的车。这辆车一直让阿玛德感到无比自豪,他对它的爱护胜过了其他的一切;他已经把它看作了"他的"车,小心翼翼地使用、仔仔细细地维护,里里外外始终保持得犹如新车一般。可是现在,这辆车必须被烧掉。

阿玛德用难以置信的眼光看着母亲。他根本不想销毁"他的"这辆车,于是断然拒绝了母亲的要求。最后,母亲只得求助于他人,一把火把它烧成了一堆废铁。

我为阿玛德感到心痛,他的整个生活乃至整个世界,都在这一片熊熊燃烧的火光中化为了灰烬。就这样,我们不得不一件接着一件地失去了我们的许多财产,可是这还仅仅只是个开始。

1942年3月1日,我年满19岁了,也正是在这一天日本人的军队入侵了爪哇岛。那时，我妹妹约瑟芬11岁，塞莱丝特7岁。驻爪哇的荷兰军队进行了顽强的抵抗，但是终究难以抵挡日本帝国陆军的强大攻势。1942年3月8日，荷兰殖民政府向日本投降。

日本人的旗帜开始在爪哇岛上四处飘扬，一个延续了三个多世纪的荷兰殖民时代就此结束。

祖父一直在自家的前院里挂着一面荷兰国旗。因为我们住在山里，除了偶尔看见远处的山下驶过日本陆军的卡车，一直没有近距离见到过日本军人，所以直到现在这面国旗一直挂在那里。

一天上午，一辆日本人的卡车突然出现在祖父家的房子前。一个穿着沉重长筒军靴的日本兵从车厢后面跳了下来，手里端着一把上着刺刀的步枪。他一边愤怒地大喊大叫，一边向挂在前院里的那一面红白蓝三色荷兰国旗冲去。他举起刺刀粗暴地割破了我们的国旗，然后拿出一面日本帝国国旗挂在了旗杆上。见到这一情景，我们所有人都感到了巨大的恐惧。现实无情地摆在我们面前，我感到了彻底的绝望、无助和难以置信，全身激动得颤抖不已。从现在开始，我们将面临怎样的变故？我的父亲在哪里？难道日本人从此就将永远留在这里？

在此后的几个月里，所有人都在紧张和惶恐不安中度过。接下来，我们收到了日本人的命令：所有荷兰人都必须到指定的地点集中登记。我们来到了他们指定的登记地点，只见所有的荷兰人都表现得忐忑不安，各自同自己的家人紧紧地挤在一起。在这里，我们也是第一次如此近距离地见到了大批日本军人。他们大声呵斥着把我们赶来赶去，以此达到恐吓和凌辱我们的目的。我们出于礼貌向他们鞠躬，填写好他们粗鲁地塞进我们手里的表格，内容包括国籍、出生国、年龄、性别、职业，等等。我们把填好的表格交给日本人之后便回到了家里，心中则更加恐惧。

在那之后不久的一天，我们突然听到了日本军用卡车驶上山来的声音，最后这些卡车开到了祖父家的门前。其中一辆卡车径直开进了通往祖父家大门的车道，一帮日本兵跳下车来，端着上好刺刀的步枪、大声吼叫着朝我们走来。那一刻让人感到前所未有的恐惧，我的整个身体已经吓得丝毫不敢动弹。

他们冲到前廊上，踢伤了祖父家的狗，"哇啦哇啦"地叫喊着我们根本听不懂的命令。他们逼着我们立即收拾行李，搬到山下的集中营里居住。我们早就作好了前往集中营的准备，最重要的文件和物品也早已打包，以便随时带着它们离开。在日本兵的监视之下，我们紧张地收拾各自的行李箱——每个人只允许随身携带一个箱子和一个床垫。由于日本人只给了我们十分短暂的准备时间，带哪些东西就成为一个十分难以抉择的问题。当我的两个妹妹芬和塞莱丝特发现她们最喜欢的玩具都不能带走的时候,都开始哭号起来。我决定只带上自己最为实用的衣物,并且提醒母亲一定要带上一顶蚊帐。此外,我没有忘记带上我的《圣经》、《圣徒之书》、祈祷书和十字架。至于那一串玫瑰念珠,我则把它放进了我的裙子口袋里。

如果现在让我重新准备应该放进这个衣箱里的物品,我会清楚地知道哪些东西才是最重要的。我会首先选择必备的药品,比如奎宁、钙片、大比目鱼鱼肝油,此外就是肥皂、茶叶、奶粉、火柴、蜡烛、纸和铅笔。然而,在那个时候我们怎么可能想到这些东西?

祖父获准留在自己的家里,不用到集中营里生活,这是因为他在登记表格的"国籍"一栏里填的是"法国",德国人和法国人都不在拘禁的范围之内。

这是我们第二次不得不离开自己的家园,不得不把我们珍视的一切留在身后,不得不向我们深爱着的亲人告别!

同祖父告别尤其使我感到伤心欲绝。我在校学习那些年的每一个假期都是在祖父的亲切关爱下度过的。就是在班多恩干,他为我的童年时代注入了最为幸福的时光。他一一同我们拥抱,禁不住老泪纵横。他首先拥抱了母亲,接着是约瑟芬和塞莱丝特,最后是我。他把我紧紧地抱在怀里,用法语一遍又一遍地嘱咐着我。那一刻,我对他的爱是那么的强烈,久久不愿放开搂着他的双手。他对我说:"照顾好你的母亲。"最后，他在我们每个人的额头上画了一个十字——这也是他多年来的习惯，每天睡觉之前他都会同我们道晚安，亲吻我们的额头之后再画上一个十字。

我最后一次环顾四周，最后看了一眼祖父家中所有的漂亮东西、我喜欢的每一个物件，下定决心把这一切尘世间的俗物统统忘记。现在，最重要的事情莫过于我们一家四口——母亲、我、约瑟芬和塞莱丝特——还能够生活在一起。

日本人押着我们上路了。我现在依然记得，祖父拿着一张白手绢向我们不断地挥舞，鼓起勇气一遍又一遍地对我们喊道："坚持住，无论发生什么都要坚持住啊！"

就这样，我们被赶上了等候着的日本人的军用卡车。汽车启动了，祖父依然站在那里挥舞着手中的手绢。一路上，我们走走停停，更多的荷兰妇女和孩子们不断地加入进来。我们彼此挤在一起，手里紧紧拿着最后的那一点儿随身物品，就像一群即将被送进屠宰场的可怜羔羊。汽车沿着山路蜿蜒而行，一路向山下的安巴拉哇驶去，我和母亲、芬和塞莱丝特紧紧地抱在一起。我们从此离开了这一辈子也不可能再次拥有的生活方式，离开了记录着我们无数幸福生活记忆的家。

在接下来的三年半的时间里，我们将和成千上万其他荷兰妇女和孩子们一起，在囚禁中艰难度日。我孩提时代的那些美好的梦想都已经彻底地破灭了。

第二章 安巴拉哇集中营

卡车缓缓驶入了我们新的目的地——安巴拉哇集中营。在从班多恩干到这里的一路上，沿途的爪哇人——无论是男人、女人还是孩子——都向我们挥手致意。我无法想象，眼见我们像牲口一样被日本人带走，他们的心里是一种什么感受。安巴拉哇离班多恩干并不远，我们对此地也很熟悉，以前我们曾经多次到这里的教堂里参加弥撒和在街市上购物。

到目前为止，安巴拉哇城中已经建起了七个关押妇女和儿童的集中营。卡车缓缓来到了六号营的入口处，大门随即打开，这个时候我们都已经非常清楚地意识到了自己即将被长期囚禁。日本兵又开始"哇啦哇啦"地对我们吼叫起来。我们不想找麻烦，所以都想尽快下车，但是由于听不懂他们吼叫的是什么，结果反而造成了一片混乱：孩子们开始大声地哭喊，妇女们手忙脚乱地从卡车上取下行李箱和包袱，带来的床垫大多数都掉到了泥地里。环顾四周，我们大家的心情都变得更加沉重起来。

这个集中营由一连串废弃的军营构成，已经长时间没有使用——一排排营房显得十分破烂和肮脏。空地里摆着一张桌子，桌子后面坐着两个日本人，我们所有人在桌子前排成了一行。桌子旁边摆放着一个大篮子，日本人命令我们把所有的钱、金银首饰和其他贵重物品全部交出，放进篮子里。

大多数妇女都不愿意交出自己仅有的财物，于是日本兵开始逐一搜身检查。事先为了防止这种情况的出现，母亲特地把自己的一部分值钱的首饰缝在了我的腰带内侧，紧贴着身体，外面还穿有外衣。当日本人搜查我的时候，我紧张得几乎无法呼吸，好在他们搜得并不彻底，所以那些首饰并没有被发现。

搜身之后，我们拖着行李和床垫向营房走去。母亲看到这里简陋的条件，眼睛里噙满了泪水。这时，一个女人突然大叫起来："我们怎么能住在这种地方，这里到处都是垃圾！"于是，我们首先不得不做的事情就是清理垃圾，把这些破旧营房的里里外外尽可能打扫得干净一些。这件事做起来并不容易，而更加令人沮丧的是我们眼前的现实——这个可怕的地方就是我们新的家园。

我们所在的这个六号营，不仅肮脏而且十分潮湿，营房内到处是臭虫、虱子和蟑螂。木制的门窗早已腐烂、破损，屋顶也已破烂不堪，根本无法遮风避雨。营区里供水紧张，并且没有足够的水龙头供多人同时使用，所以每次用水都必须排着长队耐心地等待。然而，最可怕的还不是这些问题，而是人们的排泄物根本得不到处理，漫天的臭气自不待言，而因此带来的痢疾和其他疾病却开始在营区里蔓延。这个营区当年设计时的士兵容量不过两三百人，而现在这里却住着几千名妇女和孩子，所有人都使用同一个简陋的厕所——那哪里称得上是厕所。粪便和污水不断从厕所里溢出来，在营区的地面上肆意横流。

每天夜里，我们都会被他人上厕所的声音惊醒，人们不得不使用各种容器充当尿盆——便壶、水桶、平底锅，无奇不有。时间长了，我们甚至对不同的人小便时发出的不同声音都已经十分熟悉。其中有一位妇女尤其突出，我们都能立刻辨认出她发出的声音。不得不苦中作乐的我们，把她戏称为"那匹马"。

虽然营房里原先设计有一些供士兵们睡觉的铺位，但是这些铺位不仅远远不够我们如此多的人使用，而且上面布满了臭虫。进来时，日本人给我们家指定了一小块睡觉的地方，它的大小也仅仅是勉强可以放下我们带来的床垫。白天的时候，我们不得不把几个床垫一个个重叠放在一起，腾出一块地方供我们坐下来。营房里没有电，每当天黑下来的时候，我们就只能点蜡烛照明。

多亏了母亲心灵手巧，把床单挂起来围成一圈，把我们同其他家庭隔开来，才使我们一家人得到了一点点隐私的空间。其实，在那样的环境里，我们是不可能得到真正的隐私空间的，婴儿的啼哭声、孩子们的吵闹声、人们的谈话以及争吵的声音，无时无刻不充满了我们的耳朵。不过，应该说我们已经是十分幸运的了，因为我们的"左邻右舍"都是非常友好而体贴的女人和孩子。我们和她们之间建立起来的友谊成为我们无比珍视的无价之宝。当然啦，这一切都是后来发生的事情。

我们被关进集中营的第一个夜晚让人刻骨铭心，我根本找不到恰当的语言去描述那个恐怖的夜晚。它标志着我们往日好时光的终结，成为美好、安宁和幸福生活的葬礼；同时它也标志着恐惧和不安的开始，成为丑恶、动荡和痛苦生活的起点。我们将被囚禁在这里多长的时间？我们还能再见到自己那些有幸逃离在外的亲人吗？尽管那一天已经让我们疲惫不堪，但是我们却久久难以入睡；我们一个个躺在那里，整个身心都被恐惧和突如其来的生活变故折磨着。在摇曳的微弱烛光下，我不知所措地躺在床垫上，凝视着屋顶的腐朽橡木，脑海里不断出现的只有我们曾经拥有的温暖的家和我们不得不弃之身后的美丽家园。

长夜难眠，于是我们一家四口都坐了起来，准备一起祈祷。从那天开始,每天晚上的祈祷便成为了我们生活中不可或缺的内容之一。我拿起母亲的那本祈祷书,希望从中找到一段合适的内容,但是书中哪里会有适合一个囚犯的祈祷文啊。在黑暗中,母亲低声安慰我们道:"我们一家四口至少还在一起。这场战争肯定很快就会结束的。"我很清楚,母亲是在强打精神,希望我们鼓起继续生活下去的勇气。

第二天一早,我们被赶到了营区内的空地上,进行第一次列队点名。从此以后,早点名便成为了我们每天必不可少的生活程序之一,更是日本人向我们显示其淫威的重要时刻。他们的目的就是要我们时时刻刻记住,我们只不过是他们卑微的奴隶,他们才是主宰我们生杀大权的主子。他们肆意下达一个又一个命令,逐一清点女人和孩子的人数,稍有不满就把我们拉出去进行无情殴打和百般羞辱,或罚我们在烈日下站立几个小时。

集中营里的生活好坏,在很大程度上取决于集中营日本司令官和日本守卫的心情和突发奇想。在我们第一次点名的那个早上,日本人就给我们下达了严格的命令:任何人不得擅自离开营地;女人们必须努力工作、唯命是从。如果违反命令,我们就会受到惩罚,轻则遭受一顿毒打,重则甚至会被夺去生命。除此之外，还有一条非常屈辱的规定：只要见到日本人，无论他是谁，我们都必须毕恭毕敬地向他鞠躬，而且还必须像他们给我们演示的那样，从腰部起深深地弯下去。

为了确保自己在集中营里的生活能够有序地进行，我们立刻组织起来，并且指定精明强干而又颇受

在集中营里，我始终保留着一个手绘簿。

人尊敬的吉尔德拉夫人担任我们的"营长"。我们划分了几个小组轮班工作，规定年轻力壮的妇女干艰苦的体力活，年老多病的妇女干轻活，比如营区厨房的各种杂务。像我这样的年轻人负责装卸卡车、搬运麻袋等重物、劈柴火和挖坑等工作。此外，我们还负责清除从厕所里溢出的粪便，清洗浴室和厕所，尽可能保持营房和整个营区的干净和整洁，包括营房及其门窗的维修，等等。

在我们这些囚犯里有一名荷兰医生和几名护士，虽然我

们根本没有任何医疗设备和药品，但是还是设立了一个轮流值班的小医务室。在当时，奎宁药片是治疗疟疾最为珍贵的特效药，那些具有足够的远见而带着足够的奎宁来到集中营的人，都是最最幸运的人。

从走进集中营的那一天开始，食物就成为了我们最大的奢侈品。我们所有人每天都在食不果腹的痛苦中挣扎，无一例外。所谓的早餐，不过是淀粉煮出来的稀粥；晚餐则是一块石头一样坚硬的面包和浮着几片菜叶的清汤寡水。由于没有牛奶，没过多久婴儿们就开始不断地死亡，母亲们干瘪的乳房里早已没有了乳汁，她们束手无策，只能眼睁睁地看着自己的亲生骨肉痛苦地饿死在自己的怀里。

在整个集中营生活期间，我们就从来没有见到过任何肉食、脂肪、黄油、鸡蛋、牛奶或者其他任何富含蛋白和维生素的食品。我的小妹妹塞莱丝特每次吃饭的时候都用一个小小的茶匙，只是为了把有限的食物一点一点地慢慢送进嘴里，以延长吃饭的时间获得"填饱"肚子的感觉。偶尔也会有几根香蕉送进集中营里来，但是它们只能分配给住在医务室里的病人、婴儿和小孩子，我们哪怕只能闻一闻香蕉的气味也算是十分幸运的了。

我还记得轮到塞莱丝特分到香蕉的那一刻。当她拿到分给她的那半根香蕉的时候——另外半根分给了约瑟芬，整个小脸上都洋溢着无比幸福的笑容。那个时候，任何人都不会扔掉香蕉皮，要么连同香蕉一起生吃下去，要么用熔化了的蜡烛液烫一烫吃。不过，这样吃的时候你必须动作快，否则蜡就会凝固在你的嘴里。

那几年，我们的食物配给量越来越小，饥饿的痛苦折磨也变得越来越深重。孩子们每天都会跑到日本人使用的垃圾桶里寻找食物，如香蕉皮、鸡骨头或者其他任何食物残渣。我们常常用孩子们捡来的骨头熬汤。渐渐地，在垃圾中寻找食物竟然成为了所有孩子共同的生存出路，我们不得不定下规矩，让孩子们轮流到垃圾桶里寻找食物。在饥饿的无情驱使下，我们学会了把任何不致命的东西都吃进肚子里，比如蛇和长有多汁茎叶的野草。

当时，我们自己定了一个规矩：每一天一个家庭可以得到略微多一点的食物。轮到我们家的那天，送到营区厨房里来的是几桶动物的内脏和杂碎——肠子、耳朵、眼睛以及其他各种人们轻易就能想象到的滑腻而可怕的东西。他们让我自己从一个桶里挑选一样，于是我把手伸进桶里，随手抓出了我的手碰到的第一样东西。

"妈妈，你看！"我激动不已地对母亲说道，"我们有炖汤的东西了！"母亲看了看我手中的东西，禁不住笑了起来，告诉我说："这是牛的睾丸，不过，它们倒真是好东西啊。"母亲说的不错，我们用它做出了一锅非常鲜美的汤，上面还漂浮着星星点点黄色的油珠。就是这么个牛睾丸，我们用它连续做了七次汤，最后才依依不舍地把它吃掉。那滋味，真的是好极了。

· · ❋ · · · ❋ · · · ❋ · · · ❋ · · · ❋ · ·

营区司令官养了一条非常漂亮的白猫，谁都能看得出来，这条猫的生活待遇显然比我们要高出许多。每天早上点名的时候，这只猫就会尾随着司令官来到我们面前。有一天，当我看着这只蹲伏在司令官脚下的白猫的时候，脑子里突然产生了一个难以遏制的冲动。我想，这只猫可以做成一顿美味的营养大餐，让我们医务室里的病人吃下去肯定会增加她们的抵抗力，甚至有可能挽救某个人的生命。早点名结束之后，我立即找来几个朋友一起商量，最后大家一致决定这件事值得一做，从现在开始只要一有机会我们就逮住它。

几天后的一个早上，早点名又开始了——鞠躬、点名、训斥、再鞠躬，眼看着就要结束了。然而，这时司令官却开始对一个女囚犯大声吼叫起来，骂她鞠躬时腰没有弯下去。就在这个时候，我发现那只白猫懒洋洋地站起来，然后离开司令官，独自溜达开了。

"咪咪、咪咪、咪咪!"我轻声呼唤着小猫。没想到,它竟然听从了我的呼唤,一步步向我走来。我站在队伍的最后几排,日本兵不容易看到,于是等白猫来到我脚下的时候,我便迅速地一把把它抓了起来。当时,我的心"怦怦"地狂跳个不停。我竟然干出了如此胆大包天的事情来!一旦被日本人发现,必死无疑!

司令官终于训斥完毕,趾高气扬地离开了,他竟然没有想起他那只受宠的白猫。队伍解散之后,我立即溜进了厨房,不一会儿工夫,它已经被放进了锅里,"咕嘟咕嘟"地煮上了。这只可爱的猫为医务室里的几个病人提供了一次难得的营养补给,也算死得其所。猫的骨头则被多次煎熬,直到再也熬不出一丝油星和一点滋味后才被扔掉。

与此同时,一场寻找这只白猫的大搜寻在整个营区里展开了,结果一无所获。司令官心中虽然十分怀疑他的猫被人吃掉了,但是却始终找不到任何的线索和证据。为此,他下令对我们所有人进行惩罚:当那天我们少得可怜的配给面包运到营区里之后,日本兵强迫我们在地上挖了一个坑,把全部面包统统埋进了土里。不过,就在那天夜里,我们又把这些面包几乎全部挖了出来,拍掉泥土后吃了下去。

集中营里的生活无时无刻不处在紧张而恐惧的气氛之中。随着时间的推移,人们彼此之间的关系也发生了变化,过去友好、谦让、互助的关系,开始被明争暗斗所取代。只要涉及生存攸关的事情，女人们都不惜彼此偷盗，一切以延续自己孩子的性命为重。甚至连孩子们也不例外，为了获得哪怕是一丁点儿额外的食物，她们也学会了欺骗、偷盗和其他各种欺诈行为。

在集中营里，厨房杂役是人们争抢最为激烈的工作。因为在这里，人们可以偷吃到一些生蔬菜，甚至可以把偷来的食物藏在衣服口袋里带出来。为了避免这些偷盗行为的发生，我们不得不专门成立了一个监督小组，时时刻刻监视着在厨房里工作的女人们。

有一天，轮到母亲到厨房里干活儿，但是因为生病只好由我接替她的工作。我有一个朋友叫瑞可，我们俩总喜欢彼此为伴。那天我就坐在瑞可的身边，一边切蔬菜一边听着瑞可讲述各种谣传的新闻和营区里的闲话。

"又是讨厌的通菜！"她嘟囔道。这是一种长着小片叶子的当地蔬菜，是我们每日的主要食物。我们之所以只能吃到通菜，是因为它极为便宜，生长起来像野草一样顽强和迅速。虽然通菜的味道并不好，但是至少它能为我们提供大量所需的营养，因为它的绿色茎叶里富含维生素和铁。

"当、当、当！"厨房里回响着我们切菜的单调声音。突然，一只壁虎从屋顶落到了瑞可的案板上。它根本没有得到哪怕是一瞬间的逃命机会，瑞可手起刀落，砍下了它的头，紧接着它的躯体也被无情地斩成了几段，只剩下一根尾巴在破碎的通菜堆里摆动。瑞可兴奋地叫道:"逮着你了!"说着再次举起菜刀仔细地把那根尾巴切成了几个整齐的小段。然后,她端起案板,把上面的通菜和壁虎段一起倒进了锅里,最后心满意足地说道:"这下好了,我们今天总算可以在汤里见到一点儿肉了。"

・・✤・・・✤・・・✤・・・✤・・・✤・・

1943年,我们在集中营里度过了第一个复活节。那天,我八岁的小妹妹塞莱丝特突然问我道:"你说,今天我们小孩儿能吃到复活节彩蛋吗?"我也不知道自己当时是怎么想的,只是肯定地回答她说:"能啊,塞莱丝特。无论如何你都会吃到复活节彩蛋的。"

其实,我心里非常清楚,今天根本不可能有鸡蛋送到集中营里来。在过去的日子里,整个营区也仅有屈指可数的几次见到过鸡蛋,而且我们对鸡蛋的分配还专门制定了一套十分严格的规定。就算今天会有鸡蛋送来,也没有她的份,因为还没有轮到约瑟芬或者塞莱丝特分到鸡蛋的时候。但是,那天恰好轮到我打扫厕所,而在离厕所不远的地方有一个日本人圈起来的鸡圈,里面养着几只母鸡。按照日本人定下的规矩,我们这些囚犯是严格禁止接近这个鸡圈的。

这个鸡圈里的鸡同那只养尊处优的白猫可不大一样,一个个瘦骨嶙峋，简直难以想象它们居然还都活着。然而，更为关键的问题是，据我们所知那几只鸡从来就没有下过蛋。其实，我当时也仅仅是出于好奇，才在打扫完厕所之后偷偷地溜到了鸡圈的边上。因为没有任何人胆敢偷日本人饲养的鸡，所以我溜过去看么一眼心里也紧张得要命。可就是这一眼让我看到了它——一个小小的鸡蛋！我立刻看了看左右，发现并没有人发现我在这里。

我立即小心翼翼地把手伸进了鸡圈铁丝网的一个网眼里，刚好可以够得到那个鸡蛋。我抓起鸡蛋迅速藏到了衬衫里面，装出若无其事的样子回到了营房里面。就在这短短的一段路上，我始终觉得身边的所有人好像都看得出来我身上藏着一个不许拥有的宝贝。其实，没有人看到我的偷窃行为，我也没有告诉过任何人。

我偷偷地把这个鸡蛋煮熟，然后拿出彩色铅笔，尽我所能把它描绘得漂漂亮亮的。就这样，约瑟芬和塞莱丝特都吃到了她们渴望的复活节彩蛋——当然是一人一半。自从那件事之后，我就对"天主将给予你一切"这句话深信不疑。

在集中营里，我们最担心的就是孩子们。最重要的事情莫过于尽最大的可能让她们过得开心一些，然而，因为绝大多数母亲不是变得脾气暴躁就是卧病不起，剩下的也一个个过度疲劳，所以想让孩子们开心并不是一件容易的事情。我在营区里设立了一所"小学校"，而我甚至连最基本的教材、纸张和铅笔都没有。我所拥有的就是我所学到的知识，即如何当一名好老师，就是这一点成为我后来一生受用的宝贵财富。

母亲们对我很尊重也很感激，她们有时会给我一小块面包或者其他一些在集中营里具有交换价值的东西，作为对我的回报。上课的时候，我努力教导孩子们要做一个诚实的人，决不能偷窃别人的食物。可是，有一次一个小男孩举手问道："老师，要是偷日本人的东西也不对吗？"

我知道自己无法给出一个正确的答案。我只好回答他说："我们还是把这个问题交给天主去决定吧。"

这里的孩子们都没有父亲，而那些已经失去母亲的孩子们则只能在其他成年因犯的帮助下才能活下去，没有这些善良的人们伸出无私的援手，她们早就夭折了。然而，对那些很小就来到集中营里或者就是在集中营里出生的孩子们而言，这里的世界就是他们认识的全部世界。有一个小姑娘从来没有见过她的父亲，只见到过父亲的一张照片，所以每次见到有人手里拿着照片，她就会大声喊叫着说："爸爸，那是我爸爸！"在集中营里，照片也是异常珍贵的物品，人们可以不顾一切保护自己珍藏的照片。

孩子们也学会了在任何时候都要保护好自己和自己的食物。一天上午，我们听到卡车驶进营区的声音，接下来就发现营区的日本守卫对从卡车上下来的日本人毕恭毕敬，不断地鞠躬和点头哈腰。我们心里明白，来人一定是一个大官。

紧接着，就有消息传来说，卡车上拉来了专门给孩子们吃的饼干，要孩子们赶快到营区办公室的前面去，领取属于自己的那一份。不一会儿工夫，孩子们都到齐了，一个个高兴得手舞足蹈，即便是那些还根本不知道什么是饼干的孩子们，眼睛里也无不流露出渴望的目光。人们搬来几张桌子放在空地上，把饼干放进一个个盘子里，再把盘子一一摆放在桌子上，看上去真让人垂涎欲滴。孩子们一拥而上，把几张桌子围了个严严实实，所有人的目光都死死地盯在那些饼干上。这时，一个拿着照相机的日本摄影师出现了，他大声要求孩子们统统微笑，然后不失时机地按下了快门。照片刚刚拍完，饼干就被立刻收走了。结果，这一切只是日本人精心设计的宣传闹剧，只有个别胆大的孩子趁乱拿到了一两块饼干，她们也因此成为当天最幸运的孩子。

在集中营里，日本人还制定了这样一条最为残酷和毫无人道的规定：任何年满10岁的男孩，都必须离开他的母亲和我们这个妇女营，因为照他们看来，10岁的男孩已经是个"男人"了，必须转移到关押男人的集中营里去。因此，许多母亲都想尽办法谎报自己儿子的年龄。很多女人被迫母子分离，甚至根本不知道自己的孩子被送到了哪里或者哪个集中营。每当一批年满10岁的男孩子被带走的时候，他们的母亲都会变得歇斯底里，而孩子们的脸上则流露出迷茫的表情，内心里无不充满了恐惧。

尤其是发生在那个名叫汉斯的小男孩子身上的悲剧，更是让我终生难忘。汉斯那年10岁，因为营养不良又身患疾病，已经瘦得只剩下一把骨头，胸部上的肋骨一根根凸起。他是我的两个妹妹约瑟芬和塞莱丝特特别要好的朋友。一天上午，一辆日本人的卡车开进了集中营，日本守卫下令所有孩子的母亲立即带着孩子到营区的空地上集合。很快，母亲们纷纷来到了空地上，她们的孩子们紧紧抓住母亲的衣裙站在她们身旁，所有人都怀着极度忐忑不安的心情，不知道会发生什么事情。紧接着，日本人来了——集中营司令官在两个日本守卫的伴随下走到了女人和孩子们的面前，三个人都目露凶光，满脸残酷不仁的表情。因为在我们被关进集中营的那一天就给每个人做了登记，所以日本人手中拿着一个花名册，上面详细记录着每个男孩子的年龄。接下来，日本人逐一走到每一个年满10岁的小男孩面前，无情地把他们从伤心欲绝的母亲手中拉出来。当他们来到可怜的小汉斯面前的时候，汉斯紧紧抱住了母亲的腰，声嘶力竭地尖叫起来，不停地哭喊道："我不想走，我不想走！"那个情景让人感到撕心裂肺的痛苦，在场的所有人早已经泣不成声。他们怎么能如此残酷无情，难道日本人就没有一丝一毫的感情吗？最终，日本兵还是粗暴地把小男孩从他母亲身边拖走了，汉斯一路喊叫着、踢打着被塞进了卡车里，留下绝望的母亲痛不欲生地站在那里。我们走上前，尽力安慰汉斯的母亲。在这个世界上，还有比这更加恶毒的暴行吗？失去自己的亲生骨肉对每一个母亲来说都是最大的痛苦。在那辆日本人的卡车上，被挑出来的孩子们哭成了一片。从那之后，我们再也没有看到过汉斯，也再也没有听到过他的任何消息。

汉斯是芬和塞莱丝特的玩伴和朋友，汉斯被抓走让姐妹俩一直伤心地哭个不停。就这样，汉斯突然之间就永远地离我们而去了。一位母亲当时就哭喊道："天主怎么能坐视不管，容忍这样的事情发生啊？"这是个很难回答的问题，但是我还是鼓起微弱的勇气对她说道："不是天主带走了你们的孩子，而是残暴的日本军人带走了你们的孩子。现在，我们比任何时候都更加需要天主的爱。"我建议我们大家一起为被带走的孩子们祈祷。我们说完祈祷词之后，每个母亲都大声说出了自己孩子的名字，一起请求天主保佑他们平安。让人多少感到欣慰的是，祈祷起到了镇静的效果，母亲们歇斯底里的状态开始平复下来。在那个岁月里，集体祈祷成为我们继续生存下去的最大力量源泉，每天晚上，我们都会三五成群地聚到一起，共同背诵《玫瑰经》、祈祷经文或者我们心中想到的任何其他的内容。一起祈祷还有另外一个好处，我们可以表达和相互安慰自己孤独、恐惧、伤心和绝望的心情。我们为医务室里的病人祈祷，希望他们康复；我们为彼此祈祷，希望自己保持坚强；我们为身在远方的丈夫祈祷，希望他们平安。当然，我们也时时祈祷这场罪恶的战争早日结束，祈祷和平早日到来。正是因为祈祷给了我们勇敢生活下去的力量，我们才能在日本人残酷统治下的安巴拉哇集中营里熬过三年半的囚徒生涯。

有一天，日本人命令我们把所有的书和本子交给他们审查。一些书本被他们没收了，一些退还给了我们，但是封面上都贴上了一张日本的标签。在我那本《圣徒之书》和几本祈祷书的封面上，至今依然保留着这些日本标签，虽然标签已经褪色、上面的字迹也已经难以辨认，但是它们却无声地记录下了那一段不堪回首的经历。

每天晚上，我都会在睡觉前从《天主圣徒们的日常生活》一书中选出一个故事来读。我可以告诉你，这些故事丝毫也不枯燥，我的两个妹妹——芬和塞莱丝特，都特别喜欢这样的"睡前故事"。

在我们被关进集中营后的第一个圣诞节即将到来的前一天晚上，我给家人读了"圣山伏禄"的故事。圣山伏禄是一个乞丐——穷困潦倒而又身有残疾，是一个真正意义上一无所有的人。这个故事深深打动了我们每个人的心灵，因为我们立刻就联想到了自己。最后，母亲用手指着她那件睡觉时穿的打满补丁的短上衣，用她特有的幽默口吻对我们说道："你们看看！我也穷得同圣山伏禄八九不离十了！"我们都禁不住"哈哈"大笑起来。从那以后，母亲的这件旧衣服就被我们称为"山伏禄短上衣"。不管这件衣服后来变得多么破旧，母亲始终不愿把它扔掉，我知道大妹妹约瑟芬至今仍然保留着这件珍贵的衣服。

在那样艰难的岁月里，母亲、约瑟芬、塞莱丝特和我在彼此之间建立起了非常亲密的关系。我们共同分享欢乐的时刻、共同分担一个个悲伤的打击，相依为命共同度过残酷的战争时光。正因为我们拥有了彼此的陪伴和凝聚着全家人的爱，才使我们得以顽强地生存下去。而在关押丈夫和父亲们的战俘集中营里，却没有这样的亲情的支撑。女人们始终要为自己的孩子而活下去、而抗争，但是男人们就只能深陷孤独之中，苦苦思念自己的妻子和孩子。因此，在集中营里男人比女人死得多；女人们在痛苦的生存之路上表现得更为坚强，这是一个十分残酷的事实。

由于得不到艾莉娜的任何消息，我们一家人都非常为她担心。我们只能自我安慰，想象着她依然住在三宝垄的那同一间房子里，仍然在荷兰东印度群岛铁路公司里工作。因为，据我们所知，日本人占领爪哇之后，保留了在诸如铁路等重要基础设施重要岗位上的一部分工作人员。

有一天，日本人把所有年轻妇女叫到一起，发给每人一把铁锹，要我们在营区里开辟出一块种植蔬菜的土地。被烈日炙烤多日的地面像岩石一样坚硬，工作十分艰苦。到那天结束的时候，不仅我的双手打满了血泡，我的一只脚还意外地被铁锹划伤了。伤口很深,里面还塞满了泥土。在集中营里恶劣的卫生条件下,伤口很快开始发炎、溃烂。我被吓坏了,因为我不止一次目睹过其他女人因为这样的伤口感染而失去了大腿,我脚上的伤口也很有可能变成难以愈合的热带性溃疡①。

小时候,我们经常用一块玻璃把阳光聚在一起,点燃一堆篝火。我知道哪里可以找到碎玻璃,于是我立即找来了一块玻璃,用阳光一点点烧灼掉伤口处溃烂的皮肉。那种疼痛真是难以言表,但是这样做确实收到了很好的效果。

不用说,我们辛苦开垦出来的这块菜地最后完完全全地无果而终。其实,在那样一块贫瘠的土地上,什么也不可能长出来,无论我们浇多少水也都是徒劳无果。即便是那些勉强长出地面的瘦弱的白菜幼苗,也根本没有长大的机会——饥肠辘辘的囚犯们早就迫不及待地把它们掐下来,塞进了肚子里。

如果你要问我:"在你的记忆中,集中营里最可怕的事情是什么?"那么,我可以明明白白地告诉你,那就是时时刻刻不断发生在我们身旁的死亡。在这个集中营里,每天都有人死亡——母亲失去孩子,孩子失去母亲。那里的生活充满了

---

① 热带性溃疡(tropical ulcer):一种急性特异性皮肤和皮下组织感染后形成的溃疡。发病部位在膝关节以下,很容易变成慢性皮肤病,严重病例可导致死亡。

疾病和苦难，没有药品，没有任何医疗条件，没有人能够挽救那些悲惨的生命。

一旦一个女人或者孩子病得奄奄一息的时候，她们就只能被送进一间专门的茅屋里去——等死。我们把这间茅屋称作"死亡之屋"，每个人都对它充满了恐惧，唯恐有一天自己也会死在那里面。死亡的气息早已笼罩在这间茅屋的周围，囚犯们个个唯恐避之不及。但是，有一天早上我却突然产生了去茅屋里看看的冲动。我现在也依然清楚地记得躺在"死亡之屋"里那张肮脏的床垫上的那位年轻母亲。战争爆发前，她一直是一个漂亮而充满活力的女人，而现在的她看上去早已经没有了生命的气息，仿佛就是一具皮包骨头的尸体。她脸色苍白，两眼呆滞地望着破烂的屋顶。肺炎和饥饿正在迅速夺走她脆弱的生命。集中营里的母亲们往往会把自己仅有的配给食物留给年幼的孩子们，正因为如此，许多人被活活地饿死。

她拿出最后的力气对我说，她想见一见她的孩子。我回到营房找到她的女儿，抱着孩子来到她的面前。我把这个还是婴儿的小女孩轻轻放到她的胸脯上。她伸出一只手，深情而温柔地抚摸着孩子的小脸，嘴里一遍又一遍地轻声道："妈妈爱你！妈妈爱你！"过了一会儿，她转过脸问我道："以后谁来照顾她？"我告诉她我们大家都会照顾她的小女儿，让她一定放宽心。茅屋内非常潮湿，弥漫着垂死之人发出的恶臭。我感到自己是那么的无能，甚至找不到一句可以安慰她的话。我只能轻轻地抚摸她的头发，把她那双冰冷而粘糊糊的手紧紧地攥在我自己的手里。两天之后，她撒手人寰，在这个世界上留下了又一个连自己母亲的模样都不记得的孩子。

由于严重的营养不良，女人和孩子们都无法逃脱腹泻、痢疾、疟疾和脚气的伤害。就连一个小小的划伤，都可能最终导致热带性溃疡。孩子们的肚子里都长了寄生虫，却根本得不到治疗。严重缺乏食物和起码的营养，导致他们停止了生长。我们只能眼睁睁地看着身边的人一个个饿死。

每当集中营里有人死去之后，日本人就会拿来一具粗糙的木板棺材，把死人装进棺材里，拉到营区外的某个地方用火烧掉。即使是在这样的时刻，日本人也不允许死者悲痛欲绝的亲人们相伴在他的身旁，没有人为自己死去的亲人送过这最后的一程。

直到50年之后的一天，我才第一次来到了位于三宝垄的这个集中营死亡者的墓地，把一束鲜花放到了我当年那些不幸死在集中营里的朋友们的墓前。看到那一排又一排的墓碑上刻着的荷兰人的名字，我又记起了其中的一些人，这些勇敢的女人们的脸庞再一次出现在我的眼前，无限的悲伤涌上心头，使我久久难以平静。

记得那个时候，女人们无论病得多么严重，每天早上都必须拖着虚弱的身体参加早点名，在热带火辣辣太阳的炙烤下,很多人当场就晕倒在地。这正是日本人对我们惯用的惩罚手段之一。孩子们也没有鞋子穿,为了不被滚烫的地面灼伤,他们只能赤脚站在自己母亲的脚背上。

尽管生活如此艰难和残酷,女人们并没有失去她们的幽默感。为了气一气日本人,我们常常在工作的时候一起唱起荷兰语的爱国歌曲;我们还举办过音乐会和演唱会,甚至组建了一个合唱队,以此鼓舞我们的士气,激励自己挺过这一段最为艰苦的日子。我们很幸运,在我们中间竟然有一位音乐教师,而且在她带到集中营的行李箱里居然还有一些珍贵的曲谱。正是这位音乐老师率先发起了成立合唱队的倡议,一时间人们纷纷响应。她还带着一个调音叉,在没有钢琴伴奏的条件下,这个东西简直就是天赐的宝物啊!后来,我们都亲切地把这位音乐老师称为"音乐小姐",她对宗教音乐也有着特殊的爱好。她是一个精力充沛而又正直乐观的女人,她的顽强精神和火一般的热情感动了我们很多人。

我现在也还能回忆起我们合唱队第一次排练时的情景。我们当时都跃跃欲试,因为集中营里沉闷的生活已经把我们压抑得太久了。一番讨论之后,她拿起她那一叠乐谱翻找起来,最后选中了她最喜欢的一首歌。我们一看,一个个都傻眼了,那是意大利作曲家帕莱斯特里那创作的《圣母悼歌》!

"我们可唱不了这首歌,太难了!"大家立刻纷纷表示反对。"音乐小姐"却不以为然,坚持说:"啊,就是这首歌。

你们要把它学会,然后再表演出来!"她的脸上不仅充满了自信,而且带着一种成就感和无比骄傲的神情。"我们采用清唱的形式来表演,这里有这么多的女人,我们还可以用四个声部来唱!"

从那天起,参加合唱队的排练几乎成为了我们每天最为期盼的时刻。学习这首激越、昂扬而又脍炙人口的歌曲对我们是一个不小的挑战,但是我们都乐于接受。我们每次都把排练放到室外进行,这样日本守卫就能看到我们的一切,不会怀疑我们召开什么严格禁止的秘密会议。在集中营里待久了的日本兵也会感到百无聊赖,所以有时候他们也会停下脚步听一听我们排练的歌曲,大概也算是一种调节吧。帕莱斯特里那一生创作了大量优美的教堂音乐,但是,对我们这些身陷囹圄又没有任何应有的音乐条件的囚徒们而言,学唱这首《圣母悼歌》却是莫大的荣耀。当我们最终在一次集中营音乐会上演唱《圣母悼歌》的时候,听众们都感动得热泪盈眶,"音乐小姐"得到了全场经久不息的热烈掌声,甚至连铁石心肠的日本守卫也拍起手来:很显然,我们的歌声同样感动了他们。

要保持住我们顽强生存下去的信念,最好的办法莫过于举办一次音乐会或者文艺表演。正是这一次在黑暗的集中营岁月里的首次音乐体验,使合唱成为了我一生中最大的业余爱好,成为我生命不可或缺的一部分。我的家在澳大利亚的阿德莱德①市，从1964年起直至今日，我一直在我家所在的教区教堂里的唱诗班里唱歌。每一次我听到贝多芬的《G大调小步舞曲》的时候，都会情不自禁地想起我们在安巴拉哇集中营的另一次演出，那一次我就是在这首乐曲的伴奏下赤着双脚在泥地上翩翩起舞。

当我们发现日本人对我们合唱队的活动并没有加以禁止的时候，"音乐小姐"便变得越发胆大了。有一天，她竟然跑到集中营司令官的面前，提出了希望得到一台钢琴的要求。她肯定是瞅准了机会，发现司令官那天的心情格外的好，而这种机会实在是难得一遇。两天后，几个日本守卫给我们送来的并不是一台钢琴，而是一把小提琴。很明显，这是他们从某个荷兰人的家里掠夺来的，这在当时的爪哇岛上可谓易如反掌。

在"音乐小姐"用小提琴拉出的《G大调小步舞曲》甜美音乐的伴奏下，我们开始学习舞蹈。这得感谢集中营里的另外两位非常特别的女士，没有她们的帮助这一切也不会发生。她们是两姐妹并且都是老姑娘，从外表上看你根本不会想到她们俩竟然是跳舞的行家里手，因为姐妹俩一个很胖另一个却很瘦。战争爆发之前，两人都是老师，她们的专业就是音乐、舞蹈和体育。在集中营里开办舞蹈学习班也是她们

---

① 阿德莱德是澳大利亚港口城市，南澳大利亚州首府，濒临托伦河，由移民建于1837年。

俩的主意。她们的热情和执著让我们钦佩不已。

在当时那样的特殊情况下，我同其他几个姑娘一起跳的是传统的老式小步舞，一些人着男装，另一些人着女装，分别扮演男士和女士的角色。我穿的是一件蓝色的棉布长晨衣，头发上扎着一根丝带。能够再次把自己打扮起来并且尽情地跳舞，让我感到非常开心！看到集中营里的女囚们竟然拥有如此惊人的才艺，确实使所有人非常惊讶。我们的表演获得了极大的成功。集中营司令官不愿让人看到他在观赏我们的表演，所以他躲得远远的，但是却一直在观看。

可惜的是，就在那一场成功的演出之后，我们的小提琴就被日本人收回了。

集中营里开始不断出现了各种传言，都说战争就要结束了，美国人已经登陆了，德国已经战败了，等等。虽然这些都只是传言，但是我们需要这样的传言坚持下去，传言给了我们重生的希望。身陷囹圄的我们无时无刻不在思考这样的问题：在集中营之外，是不是还存在一个正常的世界，家人们都一起生活在自己真正的家里？这场战争会结束吗，无数分离的夫妻还能够再次团聚吗？除此之外，我们只关心一个问题——食物，因为饥饿的痛苦每天甚至每时每刻都在折磨着我们身心。人们天天谈论的话题除了食物还是食物，最关键的问题就是如何才能得到更多的食物。因此，营区里出现了相互交换"食谱"的现象，集中营专用"食谱"渐渐应运而生，我至今还保留着部分这样的"食谱"。

有一天，集中营里突然来了一个日本人的"特使"，说是专门为解决正在囚犯们中大肆流行的痢疾而来的。我们心里都在想，这不过是又一次所谓的"视察"，装装样子而已。我们被叫到了营区的空地上，然后开始点名。点名结束之后，日本"特使"拿出一大包赛璐玢小口袋，一一分发给我们每一个人。然后，他命令我们去排便，再把自己大便的样品装进这个口袋里交给他，他要求我们在20分钟之内完成这件荒唐无比的事情。我们都忍不住"哈哈"大笑起来，拿着那个赛璐玢口袋散去了。

一个饥肠辘辘的人，哪里还能解出大便来，真是荒唐之极！不过，有一个女人还真幸运，竟然拉出了一些大便来。于是，她兴奋不已地大声喊道："快来啊，我这儿有啦。你们弄点儿去！"因为绝大多数人根本就拉不出大便来，所以大家都十分乐意地接受了她的帮助。于是，其他人也纷纷效仿，凡是能拉出来的都主动同那些拉不出来的人分享。我在厕所里费了半天劲也一无所获，眼看着已经过去了15分钟。就在这个时候，我脑子里突然灵光一现，有了一个好主意：我想起了每天晚上都会有一只流浪狗跑到营区里来溜达，它不时会在一些地方留下它来访的痕迹——狗屎。我立刻对我的几个正愁眉苦脸的朋友说："跟我来。我知道哪里能找到我们需要的东西。"

就这样，我们手里的小赛璐玢口袋里都装满了粪便——无论是别人的还是流浪狗的。等到20分钟的时限到了的时候，我们大家都毕恭毕敬地把这些口袋交给了前来视察的日本健康官员。他们看起来也都很满意。后来的情况不出所料，没有任何人得到了自己的检查结果！

·•··❀··•··❀··•··❀··•··❀··•··❀··•·

在集中营里，那些没有任何亲人的孤独女人是最难在如此恶劣的环境中生存下来的。当时就有这么一个年轻女人，她在这里没有家人也没有亲戚，从她被抓进集中营的那一天起就一直是孤零零的一个人。她很羞涩，性格内向，平日里总是独往独来、形单影只。那一天听说是她的生日，而且由于她已经好几天没有来工作了，我决定去营房里看看她。走进她所在的那幢营房，我看见她蜷缩着身体躺在一个黑暗角落里的一张床垫上，一眼看去就像是一堆肮脏而毫无生气的杂物。她的脸色非常苍白，瘦骨嶙峋，病得十分厉害。我小心地询问她的病情，她两眼绝望地望着我，一边伸手拉起一张污迹斑斑的床单盖住了自己的身体，一边告诉我说："我的身体一直不住地流血,恐怕是得了癌症了。"她的声音很小,我只能勉强听见她说的话。这时,我才发现她的身边放着一只桶,里面装满了被血污浸透的破布。她也发现我看到那些东西了。

"我的身体实在是太虚弱了,自己洗不动,又找不到别的人帮我洗。"她接着喃喃道。看得出来,她说出这句话的时候内心里感到非常难以启齿。

"我来帮你洗吧,这不是什么大不了的事情。"我告诉她说,"就算是我送给你的生日礼物吧。"

"真的吗,你真的愿意为我做这样的事情?"她难以置信地问道,脸上立即泛起了一丝光亮。

从那天起,我每天都去看她,把她那个桶拿走,再把桶里血污的破布一一洗干净。我忘不了每当我弯下腰去拿那个桶的时候所闻到的刺鼻的恶臭,即使是把头转到一旁也无法躲避。然而,能把自己的一份爱送给病患中的难友,让我感到莫大的欣慰;这个可怜女人对我的感激之情更是我百倍珍惜的最大回报。不过,我并不知道她后来是否熬过了集中营里艰难的岁月。

六号集中营的女人们是非常幸运的,因为在我们中间有

一群修女。其中的一些人是我非常熟悉的，比如我过去的老师雷迪西亚修女，还有其他几位来自安巴拉哇女修道院的修女。在集中营里，这些修女们依旧坚持着她们的生活习惯——始终穿着白色的长袍。不仅如此，她们身上的长袍还始终保持着相对的洁净，天知道她们是怎么做到的。在集中营的那几年里，只要我们在营区里看到白色长袍移动着的身影，就会感到希望、增强我们活下去的决心。她们在自己居住的那所营房里设立了一个小小的"修道院"，每次我从这个修道院附近经过的时候，都能听到她们一起祈祷的声音，也热切地希望自己能够加入到她们的行列之中。

　　这些修女们都是勤奋工作、乐于助人并且始终保持着积极乐观精神的人，在集中营这个充满苦难和绝望的世界里，她们成为了我们所有人的精神支柱和力量源泉。自从步入修道院大门的那一刻起，她们就已经立下了誓言，终身只过清贫的生活，所以她们本来就是一贫如洗的穷人——她们没有任何可以称之为"自己的"私人财物，也没有丈夫需要牵挂，更没有孩子需要保护和活下去，但是，她们却把自己全部的爱和精力奉献给了集中营里的其他妇女和孩子们。她们是我们的无价之宝，也是所有囚犯中唯一受到日本人尊重的人——也许，是因为他们自己也穿着统一的制服吧。

　　在我们这个集中营里，也关押着几位老年男人，他们都是因为年事已高才获准住在妇女集中营里的。其中一位就是迪得里希神父，天主耶稣会的教士，原来供职于安巴拉哇的教区教堂。我们都很热爱迪得里希神父，每当他来到我们身边的时候，我们就会感到一种安全感，精神为之一振。他长着一双最为仁慈的眼睛和一张最为善良的面庞，和蔼可亲，有求必应。他同修女们一样，始终穿着自己的那件教士长袍。由于集中营里缺少肥皂，所以他的白色长袍看上去已经肮脏不堪，尤其是衣领的部分。

　　自从来到安巴拉哇集中营以后，迪得里希神父就再也没有了举行弥撒所必需的两样东西——圣饼和葡萄酒，所以他不能为我们举行弥撒。为此，他一直深感痛心。有一天，迪得里希神父突然听到了从集中营围墙外传来的一个男孩子的声音，他立刻就听出了这个孩子是他过去在教堂里的圣坛仪式助手，一个印度尼西亚人。迪得里希神父立即走到墙根前，把耳朵贴在墙壁上低声问道："阿坦，是你吗？""是我啊，神父，我是阿坦。"男孩回答说。于是，神父继续道："阿坦，请你仔细听着，你能不能到神器收藏室里找一些圣饼和葡萄酒，再想办法偷偷地送进集中营里给我？"围墙外立刻传来了男孩的回答："当然能啊，我保证做到！"这个曾经在教区教堂担任过圣坛仪式助手的男孩子，当然十分清楚地知道存放圣饼和葡萄酒的准确位置。

　　就这样，在他们的精心安排下，一小包圣饼和一些葡萄酒终于通过集中营围墙上的一个洞偷偷地送了进来。一切都是在深夜里进行的,就在值夜班的守卫刚刚巡逻一遍离开之后的那一瞬间。迪得里希神父一收到这个小小的包裹就高兴得如获至宝,兴奋地告诉我们说,现在我们可以举行弥撒仪式了。为了不被日本守卫发现,举行弥撒的时间选定在了黎明前最黑暗的时刻,教徒们分成几个小组,先后秘密地参加了这个在集中营里举行的最特殊的弥撒。

在那以后相当长的时间里,我们都是以这种方式参加主日弥撒的,每次活动都让我们感到兴奋不已。在那之前,我从来没有真正地体会到弥撒的全部意义和丰富价值。也正因为如此,我们也时时刻刻为那个勇敢的印度尼西亚小男孩祈祷,是他冒着生命危险一次次把一小包圣饼和葡萄酒送进了集中营。

有一天,我终于鼓起勇气告诉迪得里希神父说,我愿意听从天主的召唤成为一名修女,从那天起,他就成为了我的精神导师。他教我学会了如何静观默思,还把他保存的仅有几本宗教读物借给我阅读;他引导着我灵魂的走向,在我产生了做一个修女的想法之后,是他使我懂得了更多、更重要的道理。在集中营充满苦难和折磨的生活中,我终于体验到了一种全新的幸福和灵魂上的安宁。

在我们每个人的生活中，都有一些时刻是我们终生难以忘怀的——某一天、某一个时刻、某一个地方或者我们所做的某一件事情。每年复活节到来的时候，我都会想起发生在1943年4月24日那个复活节星期天发生的事情。就在复活节来临的前一天早晨，我在排队点名的时候听到了一个消息：迪得里希神父刚刚拿到了阿坦送来的又一个小包裹，因此他会在复活节当天为我们举行弥撒，时间仍然是在最黑暗的凌晨时分。

为了确保安全，我们决定改变往日举行弥撒的地点，最后选定了一个破旧的小茅屋。因为日本守卫每天晚上都会定时在营区里巡视，我们必须像往常一样安排专人在茅屋外守护安全。那一晚正好轮到我担任这项工作。弥撒开始之后，我一直挂念着弥撒进行的情况，后来干脆走到了茅屋门外，把耳朵紧贴在门上，出神地聆听着弥撒的进行。当我听到"你们大家拿去吃"的时候，知道圣祭仪式就要开始了。我的心开始激动得"怦怦"直跳，不由自主地把茅屋紧闭的门推开了一条缝，希望自己也能参与到这一神圣的时刻之中。当我听到"这就是我的身体"时，便就地跪下了，完全沉浸在虔诚的祈祷之中。

就在这个时候，我突然发现自己身边还跪着一个人，事先我对他居然毫无察觉。我抬起头一看，真把我吓坏了，那个人竟然是一个年轻的日本守卫，他正举起手在胸前画着十字。一时间，我们俩彼此呆呆地对视着，然后他站起身来，默默地走开了。这件发生在复活节凌晨的事件就这样悄无声息地过去了。我们都知道在日本人中间天主教徒很少，而这个日本兵恰恰就是其中的一人。

一天深夜，从营区的围墙外突然传来了一阵喧闹声。我们很快得知：阿坦在向集中营里递送圣饼和葡萄酒时被日本守卫当场抓获，恼羞成怒的日本兵立刻就把他拖走了。我们所有人都吓坏了，不知道日本人将如何惩罚这个勇敢的印尼少年。几天之后坏消息传来：阿坦已经被日本宪兵残酷无情地毒打致死。在教会的历史上有许多不被人们传唱的无名烈士，阿坦就是其中之一。我一辈子都始终铭记着这位英勇无畏的印尼小男孩，他用自己的生命为我们换来了集中营里的弥撒和圣餐。

我们尽可能把每个星期天都当作具有特殊意义的日子来过。无论各自属于哪个教派，我们都会以分散成小组的形式各自开展宗教活动。虽然我们再也不可能参加弥撒了，但是我们仍然按时来到迪得里希神父身边，聆听他的教诲以及他为我们选读的祈祷文和福音书。从那个时候开始，福音书的内容对我开始具有了全新的意义，我对它们的理解也更加透彻了。

迪得里希神父深得布道的精髓，他的话不仅清晰而富于情感，并且总是能够把训诫与集中营里的日常生活完美地结合起来。

耶稣基督的那些美丽的话语，突然之间仿佛变成了现实。现在，我懂得了"心灵贫穷"的真正含义：贫穷并不一定是坏事情。我现在就很贫穷，甚至可以说一贫如洗，世俗的财物一无所有。但是正因为如此，我又是富有的——一切都全仗着天主的赐予，这使我感到自己离天主更近了，也更能享受天主仁慈的双手带给我的幸福。我真切地感受到来自于天主的坚强力量正从我内心中涌出，它将给予我需要的一切，帮我战胜艰难险阻和各种痛苦，任何人都无法阻止我顽强地生存下去。

·· ❄ ·· · ❄ ·· · ❄ ·· · ❄ ·· · ❄ ··

我们在安巴拉哇集中营里的第二个圣诞节就要到来了，为了使我们能够吃上一顿所谓的"圣诞晚餐"，我们已经连续好几天每顿都从仅有的配给食物中省下一点积攒起来。日本人给我们送来了一些已经变质的鸡蛋——不用打破蛋壳我们就已经闻到了腐败的气味。但是，尽管如此我们还是接受了，因为这些鸡蛋好歹可以做成圣诞晚餐的"开胃菜"。我们把这第一道菜戏称为"长翅膀的鸡蛋"，因为当我们打开蛋壳的时候里面的鸡蛋已经长出了翅膀！

除此之外，我们还用从日本人的垃圾箱里捡来的鸡骨头熬了一锅汤，汤里面还加进了一些菜叶和积攒下来的米饭。我们甚至还准备了甜点，那是用一些甜土豆做成的小饼。

我设法找到了一根树枝，绞尽了脑汁想把它做成一颗圣诞树的模样，好让约瑟芬和塞莱丝特感到开心。当我看到一个日本守卫随手把一个空香烟盒扔到地上的时候，我真觉得那是幸运之神对我的特殊眷顾。我立刻把这个香烟盒捡了起来。等我把它打开来一看，里面真的还有一层银白色的衬纸。

这个被日本守卫扔掉的烟盒一丁点儿也没有浪费。我用银白色的衬纸做了一个星星，外盒做成了"圣诞树"上的装饰品。

我们一家四口围坐在这棵集中营"圣诞树"旁，唱起了圣诞颂歌，一起回忆起我们过去在泽比灵温暖的家中度过的那些美好的圣诞节——尤其是伊玛做出来的无以伦比的圣诞大餐，被恰克一一点燃的圣诞树上的蜡烛，当然还有一个圣诞马槽，那是我父亲亲手用石头做成的。我希望全家人都开心起来，对她们说道："明年的这个时候，我们一定会回到家里过圣诞节了。"

那天晚上，"圣诞晚餐"结束之后，我和母亲来到营房外并排坐在地上。我看着母亲，她已经变得那么的虚弱，过去棕色的头发已经变成灰色。

那是一个美丽而宁静的夜晚，黑暗的天空中闪烁着无数的星星。我突然发现母亲在哭泣，却又不想让我看出来。她抬起手指着繁星点点的夜空，深情地说道："看呐，扬妮①，那就是金星。我们的金星。"父亲和母亲早年就有一个约定，每当金星出现在天空中的时候，他们就要彼此思念。我禁不住感到一阵心酸，知道父亲和母亲此时都牵肠挂肚地思念着对方。无论父亲走到哪个地方，他都会在入夜后抬头寻找他们俩的金星。我深情地搂着母亲，内心里再一次深切地感受到我们彼此是那么的亲近，我对她的爱又是那么的炽热。

就在那一刻，眼前的一切仿佛都突然变得如此的不可思议：我们原来的幸福生活怎么会变成了现在的这个样子？我们到底为什么来到了这里？我们为什么会被囚禁？为什么要强迫我们一家人骨肉分离，把我们与外面的世界隔绝开来？这一切的一切仿佛就是一个看不到希望的深渊，一条没有尽头的苦难之路。我们曾经努力为之奋斗的一切，曾经无比珍视的一切，现在都到哪里去了？

我无忧无虑的童年时代又浮现在我的脑海里，可是那好像只是一个美丽的梦境。但是，我的记忆却是如此的清晰——爬到芒果树上摘芒果吃，在垂叶榕长出的长长气根上荡秋千，在温暖的瓢泼大雨里嬉戏，站在屋檐下看着雨水沿着接水槽哗哗地流下来；我记得赤脚走在我家地板上的那种凉爽的感觉，记得漂浮在浴缸里的茉莉花发出的清馨的香味以

---

① "扬妮"（Jantje）是"扬"的昵称之一。

及手拿水瓢舀起浴缸里的水浇在身体上的舒爽感觉；我也记得炎热午后躺在蚊帐里酣睡时那种祥和而无人打扰的惬意；还记得懒洋洋地坐在走廊上的安乐椅里，用一把长柄银勺子喝冷饮、两眼迷离地望着花园的围墙，周围不时传来人们不紧不慢的轻声细语和园丁挥动扫帚打扫车道时发出的有节奏的声音。就在我陷入美好回忆的时候，一个女人从营房里走出来，一步步向远处的厕所走去。看到她，我又猛然回到了现实里。

"当心啊，我手里拿着蒂姆的便壶呢。"她说笑着从我们身边走过。

在安巴拉哇集中营里，便壶可是一种珍贵的私人物品，带着老人和孩子的女人们都离不开它。被关进集中营时没有带来便壶的人，很快也都想出了各种招数制作出了自己的便壶。比如平底锅和"蓝带"人造黄油的空罐头，都可以变成不错的便壶。每天一大早，你都可以看到一连串女人小心翼翼地端着各自的"便壶"向厕所走去，在通往厕所的这一段长长的路上，要想不把便壶里的尿液洒出来还真是一件相当困难的事情。

· · · · ❀ · · · · ❀ · · · · ❀ · · · · ❀ · · · · ❀ · ·

随着时间一天天地过去，女人们的忍耐能力也渐渐被消磨殆尽。恐惧和饥饿像两个恶魔时刻威胁着我们的生命。我们得不到任何外面的消息，这该死的战争何时才是个尽头啊？

麻疹在集中营的孩子们中间爆发了，许多孩子相继死去。眼见着一具又一具狭小的棺材从营区内拉出去埋葬，让人无不肝肠寸断。母亲们只能陪伴着装着自己亲生骨肉的棺材走到集中营的大门处，孩子此后被埋在了哪里她们根本无法得知。集中营的司令官就是这样一个毫无人性的恶魔。

安巴拉哇集中营的司令官是一个典型的日本人——五短身材。他长着两片薄薄的嘴唇和一张冷酷无情的嘴，一双眼睛充满了令人不寒而栗的凶光。他性情暴戾，经常大发脾气，就连他手下的守卫也惧怕他的淫威。凡事若没有完全达到他的要求，他就会拿当地的印尼守卫出气，要么就严厉地惩罚集中营里的妇女和孩子们。他手里随时都拿着一根木棍，用它来展示自己不可侵犯的权威和恐吓年幼无知的孩子们。他把羞辱和虐待囚犯当作他最大的乐趣和享受。

一天早上点名的时候，他认为我鞠躬不到位，必须接受惩罚。我感到非常吃惊，因为在鞠躬的问题上我从来不敢马虎，每次都会尽力做得标准而完美。日本守卫命令我出列，要我跟着司令官到他的办公室去接受惩处。到达办公室后，司令官拿出一把普通的家用剪刀塞到我的手里，命令我把他办公室门前的一大块草坪修剪整齐。那一天下来，我的十个手指全部被磨烂了，流血不止；整个后背也疼痛不已，几乎无法站立起来。这就是日本人羞辱我的方式。

我们的定量食物也变得越来越少，每个人都感受到了断粮的威胁，唯恐哪一天自己就会被活活饿死。每次开饭的时候都要排队领取，而我们一个个都想尽量排到队伍的后面，因为前面的人得到的汤都是清汤，只有桶底的汤才能见到几片宝贵的菜叶。我总是带着两个妹妹芬和塞莱丝特去领饭，当我们端着饭碗往回走的时候，我就会用勺子把我们汤里的菜叶舀一些出来，放进母亲的碗里。

那时的母亲身体已经十分虚弱，再也不能参加营区里的任何劳动，但是为了让我们宽心，她却一直强打起精神，装出一副身体并无大碍的样子。无论日本人多么残暴无情，他们可以摧残我们的肉体甚至夺走我们的生命，但是却不可能摧毁我们的灵魂、剥夺我们的精神。即使是在那样艰难困苦的环境里，我们也从来没有失去过幽默感，更没有放弃心中的希望；我们早已下定决心，一定要顽强地坚持下去，直至这苦难岁月终结的那一天。为此，几乎所有的女人都偷偷地保留着一件自己认为最好的衣服，她们绝不会在集中营里穿上这件衣服，而要等到战争结束的那一天、那个时候，她们才会穿上它庆祝胜利，穿着它与自己的丈夫重聚。

1944年1月18日，我在集中营里迎来了自己21岁的生日。到那时为止，我们已经被关进安巴拉哇的这所日本集中营几乎两年了。母亲、约瑟芬和塞莱丝特都尽了最大的努力来庆祝这一天的到来。母亲把她的一个金手镯送给我作为生日礼物，但是这个手镯还必须继续藏在我的腰带里。母亲对我说："等到战争结束的那一天，你就可以把它戴在手上了。"这个无比珍贵的特别生日礼物，我一直保留至今。

・・❀・・・❀・・・❀・・・❀・・・❀・・

1944年2月26日，那是一个炎热而潮湿的日子，似乎也只能是集中营单调生活中毫不起眼的又一天。可是，我哪里能够想到，这一天竟会从此永远改变我的一生。集中营里的一切一如往日：早点名时惯有的骚动，又一个囚犯失去了生命，守卫们依然大喊大叫，饥饿的孩子们发出悲惨的哭号，绝望中的母亲们彼此争吵，女人们依旧开始了每天繁重的劳役——集中营里的生活仍在痛苦地继续。

我对这一天的到来并没有任何的期许。"打扫卫生"一直是我们每个人的梦魇，更是整个集中营始终未能解决的最大问题。那天上午，正好轮到我加入"粪便队"，清理粪水横流的厕所下水沟。这个工作就是把厕所里每一个粪坑中的粪便掏出来放进粪桶里，然后再把一个个臭气熏天的粪桶抬到附近的一条小溪里倒掉。这项工作历来都是由一个年轻姑娘组成的劳动小组承担的。我那天穿着一件最破旧的衣服，为了减轻粪便发出的恶臭的折磨，我还用一块大手绢遮住了嘴和鼻子。日本守卫们站在远处监视着我们的一举一动，不时发出一阵阵狂笑，很显然他们把我们的痛苦当成了取乐的对象。一个小时之后，我终于干完了这个最肮脏和最令人作呕的工作，忍着后背的疼痛回到了营房里。

我的全身上下都散发着一股臭气，尤其是我的两只手，更是臭不可闻。我很后悔自己连一块肥皂都没有了，因为前不久我用最后的那一小块肥皂换了几根蜡烛、火柴和一些面包屑。于是，我只好用沙土擦去手上的污垢，然后再拿一些树叶在手里揉碎。我花了好长的时间总算去掉了手上的臭气。接着，我走到水龙头前，把我的双手、双臂、双腿和脸一一冲洗一遍，最后就是站在太阳下把自己晒干。

这时，我发现一个日本守卫始终跟在我的身后，然后他竟然站到我面前，解开裤子开始小便！这就是日本守卫惯有的恶习之一，他们经常用来羞辱我们的另一个方法就是朝我们面前吐痰。

我的小妹妹塞莱丝特看到我回来了，立即朝我跑来。我突然发现，她的身体是那么的瘦小，进入集中营两年来她几乎没有再生长。她正在哭，因为她最喜欢的那个洋娃娃的手臂又断了。她抽泣着求我说："请把她的手臂缝上去吧。"说着，就把那只断下来的手臂塞进了我的手里。

我回答说："我马上就帮你缝好，不过我必须先换一件干净的衣服。"

换完衣服以后，我终于感觉好一些了，接着便一头倒在了地上的床垫上——我实在太累了——只想休息一会儿。芬和塞莱丝特一直守护着我的早饭——还是一碗汤一样的稀粥，吃起来就像浆糊。我感觉自己一点儿胃口都没有，想着暂时让它放在那里，过一会儿再吃。

就在这个时候，从营房外突然传来了一阵骚动，我听到了几辆日本军用卡车开进集中营的声音，随即又传来了日本守卫激动的呼喊声，这通常意味着某个日本高级军官又来视察了，或者又有新的命令和规定即将宣布。

就在几天前，一些日本军人曾经来到我们集中营里，把所有17岁到28岁的女人一一做了详细的登记，包括姓名、年龄、婚姻状况和国籍。这件事情当时就曾经引起过我们极大的忧虑，所有母亲和年轻姑娘们都感觉到这是一个不祥的征兆。那天晚上，我和母亲就通宵未眠，一直在猜测这件奇怪事情的背后到底隐藏着日本人什么样的险恶用心。

每当日本人的高级军官来集中营视察的时候，日本守卫就会到各营房里搜查一番，然后把我们叫到空地上点名。这次也一样，日本守卫开始搜查营房，我们仅有的一点儿私人物品也被仔仔细细翻看了一遍，不过接下来的命令却完全不同——没有全体集合点名。

这次的命令很特别：所有17岁以上的单身女性都必须立即到空地上集合。听到这个命令，我们立刻警惕起来。女人们都嚷嚷开了,尤其是那些有女儿的母亲们。姑娘们纷纷紧张地跑向自己的母亲,整个营区里立刻弥漫着恐惧的气氛。

我们自己选出的"营长"吉尔德拉女士是一个强硬而干练的女人,听到这个命令立即怒不可遏地向集中营司令官的办公室走去,其他女人也纷纷跟在她身后以壮声势。她们对这个命令提出了强烈的抗议,并且质问司令官为什么要年轻的姑娘们集合起来。然而,吉尔德拉夫人被日本守卫粗鲁地推到了一边,司令官重复了先前的命令,并且这一次话说得格外严厉。

我母亲脸上露出了非常疑惑和恐惧的表情。她对我说:"扬妮,你也包括在内。"我清楚地听出了她的声音在颤抖,也看到了她眼睛里流露出的恐惧。我心里很紧张,急忙拿出我们唯一的那把小镜子,想把自己尽量装扮得丑陋一些。我揉乱了自己的头发,故意让一缕乱发垂下前额,以遮住部分脸,然后又迅速地换上了一身最邋遢的衣服。

一些姑娘企图躲起来。我记得有一个姑娘就想躲到厕所里去,但是已经来不及了。日本人凶恶的喊叫声此起彼伏,我们不得不向那片集合的空地走去。

紧接着,司令官迈着大步向我们走来,身后紧跟着几个日军高级军官。我们看得出来他们都是重要的军官,因为挂在他们腰间的武士刀的刀鞘都是用真皮做成的。

我很清楚我必须按照日本人的命令行事,否则集中营里的所有囚犯都会受到惩罚。这时,所有17岁以上的单身姑娘都惊恐万状地来到了空地上,不知所措的母亲们则紧紧地跟在她们身后。

我们被日本守卫排成了长长的一排,接着几个日本军官就向我们走来,我害怕得开始全身发抖。

我向身后看去,发现母亲、约瑟芬和塞莱丝特都站在那里。她们和其他女人一样都在哭泣,好像她们已经知道厄运即将降临到我的头上。一想到我和她们很可能即将分离,眼泪就止不住地流下了我的脸颊。要知道,在现在这个世界上,我们一家四口还能够在一起已经是我们唯一拥有的"财产"了。

站在我们面前的那几个日本军官脸上都流露出一种诡异的神情,让我感到十分厌恶。他们的目光中有一种特别的东西让人不寒而栗;他们上下打量着我们的身体,不时用手对我们中的一些人指指点点,随即彼此的脸上都露出了邪恶的笑容。我低头站在那里,丝毫也不敢看他们一眼,内心里只剩下了难以言状的恐惧,一阵阵战栗传遍了我的整个身躯。

这几个日本军官在我们面前来回走了好几遍,仔细地查看着每一个姑娘,仿佛是在挑选一件他们中意的商品。其中一个家伙走到我的面前,用手中的木棍挑起我的下巴,仔仔细细地看了看我的脸。接着,其他几个军官也来到我的面前,一边彼此议论着一边不时发出会心的笑声。然后,他们又一起看了看我的双腿、我的脸和我的身体。就这样,他们在我们面前趾高气扬地走来走去，指指这个、看看那个，不停地发出可怕的笑声，而我们这些姑娘们个个都已经吓得魂不附体，连彼此看看的勇气都已经没有了。接着，日本守卫又大声喊叫起来，命令我们通通抬起头来，几个军官又在我们面前来回走了几遍。

我心里开始忧虑起来：一旦我被日本人带走，谁来照顾我的母亲？她的身体已经虚弱到了崩溃的边缘，一旦她死了谁又来照顾我那两个年幼的妹妹约瑟芬和塞莱丝特？她们俩难道也要沦为"丧母的集中营孤儿"中的一员，在这个可怕的统计数字上再加上两个孩子？我就这样站在那里，脑子里充满了各种不堪设想的问题。

"天主啊！"我在心里默默地祈祷说，"求你不要让他们把我带走。千万不要把我带走啊，求你了，求你了！"我的手不由自主地伸进衣服口袋里，摸到了我随时带在身上的玫瑰念珠，一边急切地拨弄着念珠，一边默念道："万福玛利亚，救救我吧，求你了！"

几个日本军官经过一番讨论，决定先放走我们中的一半人。那些被允许离开的姑娘们立即逃回到了她们母亲的安全怀抱中。我和其他一半留下来的姑娘依然站成长长的一排。天哪，我当时多么希望自己是一个丑陋无比、毫无任何吸引力的姑娘。日本军官又开始继续刚才的那一套程序——看来看去、指指点点，不时走到某个姑娘面前摸一摸她的身体，淫笑不已。

我的整个身体都因为这种前所未有的极度恐惧而变得发烫,我的双臂和双腿已经不听使唤,仿佛已经瘫痪了。过了一会儿,又有一些姑娘被日本人放走了。现在,几个日本军官再一次一起站到了我的面前,也再一次把我上上下下仔细地打量了一遍,我也再一次用我最虔诚的心祈祷自己被日本人拒绝。然而,接下来事情的变化却并非我愿。

剩下的姑娘们都情不自禁地抓住了站在自己身边姑娘的手,以此作为彼此的依靠。我已经全身麻木,心脏疯狂地跳动不已。到现在这个时候,眼前发生的事情已经变得很明了:这绝不是又一次为了某项劳役而视察和挑选苦力。

我们都呆呆地站在那里一动也不敢动,时间好像凝固了,又好像已经过去了几个小时。谁也不敢看一看自己身边的姑娘是谁,每个人的心里都只剩下了恐惧。接下来,日本人又开始了新一轮的挑选,而这一次将决定最后的人选。一个显然是总头目的日本军官站了出来,他用典型的日本人的方式大声下达了命令:用手逐一指着我们中的某个人,喝令我们站出来。一共10个姑娘被他挑选出来,其余的人则回到了焦急等待在我们后面的母亲们的身旁。我,正是这10个姑娘中的一个。

就在这个时候,我们10个姑娘中的一个突然疯狂地向一旁跑去,但是她哪里还能逃脱已经降临在她头上的厄运,日本人立刻抓住了她，粗暴地把她拉回到我们这个队伍里。我们这些姑娘的母亲们开始撕心裂肺地哭号，同时纷纷跑上前来，想把我们从日本人的手中拉回去。她们高声地抗议，勇敢地踢打着日本守卫，但是这些手无寸铁又早已瘦得皮包骨头的弱女子，怎么可能同日本军人抗衡？结果，她们都被无情地痛打了一顿。

这时，我才注意到站在我身边的姑娘竟然是丽思，她是我在集中营里最好的朋友之一。我们俩流着眼泪，彼此紧紧地拥抱在一起；此时此刻，我们多么需要这个拥抱啊，因为它多少还能给我们一点儿力量和希望。

我们集中营里有一位金发碧眼的漂亮荷兰妇女，她战前曾经在日本人的贸易公司里工作，能讲一口流利的日语。所以，她成为我们同日本人之间唯一的翻译。通过她，我们得知了日本人的最终命令：回到各自的营房收拾东西，可以带上一小包私人物品，然后立即到集中营办公室前集合，乘坐等在那里的卡车到另外一个地方去。

除此之外，我们并没有得到任何更为具体的信息，甚至连我们的目的地也不得而知。姑娘们、母亲们以及整个集中营里的囚犯们都竭尽全力抗拒日本人的行为，现场乱成了一团——女人们声嘶力竭地号叫着、哭喊着、抗议着。吉尔德拉夫人同雷迪西亚修女带领的修女们一起冲进了日本人的办公室里，又是抗议又是祈求，尽了一切努力想把我们10个姑娘救下来。但是，所有的努力都是枉然，我们不过是一群待宰的羔羊而已。

日本守卫推搡着我们回到各自的营房里，然后站在一旁监督我们收拾行装。我慌乱地抓起几件衣服，母亲则痛不欲生地为我找来了一个口袋。我把我的《圣经》、祈祷书、十字架和玫瑰念珠一一放进口袋里，在那个时候，这些东西对我就是最重要的，就好像我赖以生存的武器，是我生命和勇气的保障。我双手不住地颤抖，抬起头最后一次深情地看了看我们那一块小小的"生活区"，这里是我和母亲、约瑟芬以及塞莱丝特最后的一个家，我们在这里共同生活快两年了。这一小块黑暗、拥挤而杂乱无章的地方，现在看起来就好像是天堂一般的让人留念。母亲尽量表现出勇敢和坚毅的样子，而我的两个妹妹却早已泣不成声，歇斯底里地哭成了两个泪人。我把她们俩搂进怀里，紧紧抱住她们不放，她们的眼泪和我的泪水一起在我的脸上流淌。她们都是我无限热爱的亲人啊！

我告诉她们说："我会回来的。我保证，我一定会回来的。"我尽力安慰着她们。

母亲和我都不知道该说些什么，只是彼此注视着对方的眼睛，然后又紧紧地相拥而泣。就在那一刻，在那个阴暗而潮湿的集中营营房里，我们都死在了对方的怀抱里——至少我们内心的感受就像死亡一样。我们还能够再次团聚吗？日本人要把我带到哪里去？等待着我的又将是什么样的非人生活？母亲瘦削的脸上写满了忧虑和痛苦。

我记得，当时我的脑海里就闪现出了圣母玛利亚同自己的儿子耶稣最后一次见面的情景。那时的耶稣即将被钉上十字架，这时我母亲正经历的痛苦一定同圣母玛利亚是一样的——那是万箭穿心、痛苦至极的感受啊！这时的母亲，眼看着自己的女儿就要被日本人从她身边带走，难道不是同圣母玛利亚痛失儿子耶稣的悲哀一模一样吗？想到自己不得不离母亲而去，我更加强烈地感受到了我对她的爱。

在日本守卫的不停呵斥和催促下，我们10个姑娘最终都从各自的营房里走了出来。我们一个个无不泪流满面，内心痛苦而惊恐，组成了一支走在前面的悲戚的小队伍，后面则跟着一大群我们的母亲和姐妹们。很快，营区里的所有女人和孩子们都跟了出来，人们脸上依然充满了对眼前发生的事情感到格外震惊的表情。我们在左右两排日本守卫的押送下走向集中营的大门，最后来到了集中营办公室和警卫室的前面。一辆日本人的军用卡车正等待着我们。

我神情恍惚地跟着队伍往前走，隐隐约约地感觉到一些女人先后把一些东西塞到了我们的手里，那是她们送给我们的临别礼物，希望我们带着它们坚强地走向未知而可怕的未来。有人给了我一张手绢，另一个人给了我几片奎宁药片。我的朋友们也纷纷走上来同我拥抱吻别，接着迪得里希神父气喘吁吁地跑到了我的面前。

"给，扬妮，带上这个吧。"他对我说。那是一本黑色封面的小书，是文艺复兴时期的欧洲宗教作家托马斯·肯皮斯所写的《仿效基督》。这本书我一直保留到现在，它是我最珍贵的财富之一。

迪得里希神父十分悲痛地看着我，就好像他已经知道什么样的厄运即将降临到我的头上。他把那本小小的《仿效基督》递到我的手里之后，又紧紧地握住了我的双手，开始为我祈祷。从此一别，我将再也见不到他慈祥的面容了。就在仅仅几个月之前，迪得里希神父刚刚接受了我的请求，让我矢发暂愿，成为了为期一年的见习修女，完成了我最终成为一名正式修女的第一步。自从我向他袒露心声，说明我希望成为一名修女的那一天起，迪得里希神父就一直循循善诱地引导着我灵魂的走向，教会了我如何静思和脱离世俗的生活。他一直在不懈地努力，要把我培养成为一个真正的"基督的新娘"，而我已经从中体验到了灵魂上的极大快乐。

这个时候，我们10个姑娘都已经哭成了泪人。我扭过头，想再一次看看我的母亲，看看我的两个妹妹约瑟芬和塞莱丝特；我心中有许多话想对她们说。然而，就在这个时候日本人加快了行动的步伐。几个日本高级军官纷纷下达命令，日本守卫吼叫着、推搡着、挥舞着手里上着刺刀的步枪，逼迫着我们爬上了那辆大卡车。

这时，从安巴拉哇集中营另外一个营区里挑选出来的6个姑娘也加入到了我们这支苦难的队伍之中。那天，一共有16个姑娘被日本人从安巴拉哇集中营里带走，而她们中间没有一个人是自愿的。在卡车上，我们就像一群落入陷阱的惊恐万状的小动物，一手紧紧抓着好像已经成为我们的护身符的小包袱，另一只手则紧紧搂住其他的姑娘。我们不知道自己将被日本人带到何处，更不知道会遭遇什么样的苦难。六号营的大门依然敞开着，我看见一大片哭号的女人和孩子们不停地向我们挥手告别。我在人群中极力搜寻着我的母亲、约瑟芬和塞莱丝特的身影。突然之间我终于看到她们了，而就在这个时候，大门无情地关上了。卡车开动了，我再也无法控制自己的悲痛，失声痛哭起来。

祖父亨利和他妻子珍妮及姨妹坐在一辆由三轮车牵引的双轮单座马车上,站在他们身后的是奥赫恩家的孩子,中间那位是我的父亲。

祖父亨利和祖母珍妮与他们的孩子们:(从左至右)爱德华、亨利、埃洛迪和我父亲塞莱斯廷。

祖父亨利、贝茨姑妈和我母亲坐轿子过河。

祖父在班多恩干的家。

1923年，我父母与他们的前三个孩子在泽比灵。从左到右三个孩子为：瓦尔德、我和艾莉娜。

从左至右为：伊玛、索艾米、萨迪、恰克。

(从左至右)瓦尔德、我和艾莉娜1929年的合影。

亨利·奥赫恩是一位深感自豪的爷爷,在(从左至右)我、沃德和艾莉娜注视下亲自给怀中的芬喂奶。

1934年，塞莱丝特刚刚降生。从左至右：瓦尔德、我、芬、艾莉娜和母亲。

1938年，奥赫恩家人在泽比灵家中。从左至右：瓦尔德、我、父亲、母亲、芬、塞莱丝特和艾莉娜——还有那条名叫"赫莎"的狗。

我和朋友蒂妮可(左)在班多恩干家的泳池中。

我和祖父亨利在班多恩干的花园里。

1939年,16岁的我。

穿上妈妈为我缝制的晚礼服，准备参加庆丰收时节的"节日舞会"。

父亲参军时的留影。

第三章 「七海屋」

很快我就发现，我们正行驶在从安巴拉哇到爪哇首府三宝垄的那条主路上。这条路我是再熟悉不过了：在战争爆发之前，我和我的家人曾经无数次地行驶在这条路上，到祖父位于班多恩干的山中之家度周末或节假日。每次我们的汽车驶上这条路的时候，我们都会感到兴奋不已，一路上欢歌笑语，不绝于耳。在1942年我们被关进安巴拉哇集中营的那一天之后，这还是我第一次再次见到外面的世界。往日熟悉的乡间景色看起来已经发生了某种难以名状的改变；路旁经常见到的那些始终微笑着向我们挥手致意的爪哇人早已失去了笑脸，看上去是那么的贫穷、饥饿和惊恐。由于几乎所有的荷兰人都被关进了集中营，大量印度尼西亚人失去了工作。失业而又处在日本侵略者残暴统治下的爪哇人，个个衣衫褴褛、面露饥色。

我的心里真是五味杂陈,那种感觉好生奇怪:我又见到了外面的世界,见到了久违的爪哇景色——绿树、村舍和街道,一切都是那么的熟悉,但是又同我记忆中的样子迥然不同。一路上,偶尔也能见到站在路旁的人向卡车上的我们挥手,但都是一些衣不遮体、目光呆滞的孩子。

当我们驶进三宝垄市近郊的时候,路边出现了一片丘陵地带,这里就是著名的岗蒂(又称"詹迪")区,海拔约150米。因为背靠群山,这里的气候相对凉爽,一直被认为是三宝垄最好的住宅区。我对这一带非常熟悉,因为我在学校读书时的许多朋友就住在这里。许多个星期日我都是在他们这里的家中度过的。现在,曾经漂亮的住宅和美丽的花园已经变得千疮百孔、破败不堪,窗户上钉着横七竖八的木板。一些房屋现在已经成为当地印度尼西亚人的住所,而另一些则被日本人军队所占有。就这样,当一幕幕往日的情景从我脑海中一一闪过的同时,卡车驶离了岗蒂住宅区。

不久之后,卡车减慢了速度,最后在一幢荷兰殖民时代风格的大房子前的车道上停了下来。卡车后面的挡板放了下来,日本人指定我们中的七个人在这里下车。这七个姑娘分别是:丽思、格尔达、梅普、埃尔丝、安妮、贝蒂和我。由于时至今日她们中的一些人仍然希望隐姓埋名,所以这里除我之外的六个名字中只有丽思是真名。

很快,卡车就要再次启动了,我们和车上的姑娘们都再一次泣不成声，无奈地挥手告别。紧接着，这所大房子的大门便立即在我们身后紧紧地关上了。我看了看四周，发现整个房子和花园都被高墙和铁丝网严密地包围着，心中立即产生了一种强烈的不祥之感。我们拎着自己那点可怜的随身物品，在几个日本兵的呵斥和推搡下，低着头继续往前走。紧接着，我们就听到了从屋里传来的其他日本人刺耳的说话声。

我们很快就发现了这是一所什么样的房子。在一个看似这里负责人的日本军官的带领下，我们七个姑娘彼此挤成一团畏步不前。这个日本军官看上去俗不可耐，脸上始终挂着讥讽的笑容。我们立刻对他产生了强烈的不信任感，对他的所谓职责也产生了极大的怀疑。接下来，他把我们带到了几间卧室的门口，把我们一个个推进了各自的房间。

站在那间卧室里，我忐忑不安地看了看整个房间，立刻本能地感觉到这是一个可怕的地方，是我们这样的姑娘避之唯恐不及的地方。房间里摆放着一张双人床，床上方吊着一顶蚊帐。房间里还放着一张大理石面的桌子，桌子上摆放着一面镜子、一个洗脸盆和一个很大的玻璃水罐。墙上有一个毛巾架，墙角有一个衣柜，不远的地方摆放着另外一张小桌子，桌子两边分别放着一把椅子。这就是这间卧室的全部家具。

我打开带来的小包袱，里面只有几件换洗的衣服，所以只需短短的几分钟就已经全部拿出来挂进了衣柜里。我发现这个衣柜很新，里面散发出樟脑丸的气味，衣柜木格的边沿还贴着牛皮纸。从卧室的窗户向外望去，我看到了一个很大的花园，园中长着几棵树，在花园草地的边上还有一个饲养家禽的笼子。

日本人占领爪哇岛之后，所有荷兰人都被关进了集中营，而他们的家园则被日本人或当地印度尼西亚人劫掠一空。那些被日本人强占的房子，保存得相对完好，我们现在所在的这幢房子就是其中之一。这所房子确实很大，所以我们七个姑娘每个人都有一间单独的卧室。同大多数生活在爪哇的荷兰人的房子一样，这幢房子也有一个长长的"L"形的后廊，后廊的内侧分别排列着厨房、一间存放食品的储藏室、几间佣人的房间以及浴室、厕所和其他备用房间。

日本人给这幢房子起了个名字，叫"七海屋"。看得出来，房子里的许多家具仍然是当年住在这里的荷兰家庭所使用的，比如代尔夫特蓝陶[1]装饰品、印有伊丹奶酪[2]市场的荷

---

[1] 代尔夫特（Delft）是荷兰南荷兰省的一个城市，位于海牙和鹿特丹之间。当地出产的类似中国青瓷的白底蓝花陶器遐迩闻名，习称代尔夫特蓝陶（Delft Blue），自17世纪以来便成为荷兰乃至欧洲王室和富庶之家竞相收藏和炫耀的珍品。虽然当地制陶匠人称其为"瓷器"，但是并未达到真正中国瓷器的水平。代尔夫特蓝陶并非用专门的瓷土烧制而成，而是在用黏土做成的坯子上上一层锡釉，然后烧制而成。尽管如此，代尔夫特蓝陶仍然受到了人们的极大欢迎，在其鼎盛时期，仅代尔夫特一地就集中了33家制陶工厂。现在，具有300多年历史的皇家代尔夫特蓝陶工厂是硕果仅存的1家。

[2] 伊丹奶酪（Edam cheese）是荷兰第二大著名奶酪品牌，俗称"红球"，产量占荷兰奶酪总量的27%。"伊丹奶酪"之名来自于该奶酪的产地伊丹-沃伦丹，一座位于荷兰西北部北荷兰省的城市。该城市由伊丹镇和沃伦丹镇构成。

兰日历——甚至还有一张这个家庭的全家福,照片上的人个个脸上都洋溢着无忧无虑的欢笑。看到这张照片让我感到无比的悲伤,同时也让我情不自禁地想起了我们在泽比灵的家,现在是什么人占据了它?谁在触摸我们家里的东西?谁在看着墙上我们的照片?又是谁在使用我的发刷和我们吃饭的银勺子和盘子?

那天晚上,我们意外地得到了一顿非常丰盛的晚餐。自从我们被关进安巴拉哇集中营以来,这还是我们第一次看到如此像样的晚餐。然而,惊恐万状的我们哪里还有一点儿胃口,再好的饭菜也难以下咽啊。给我们送来饭菜的是一个印度尼西亚女仆和一个印度尼西亚男仆,两个人带着惴惴不安的神情在我们面前做了自我介绍。他们俩的名字分别叫莎缇娜和哈桑,负责我们所有的"家务活",包括煮饭、打扫卫生和清洗衣物。看到他们俩,我觉得自己看到了我们在这里可能拥有的仅有的两个朋友。他们看我们的眼神很不自然,脸上的表情像是非常理解我们的处境,甚至还带有歉疚的神情。毫无疑问,他们俩都非常清楚我们现在的心情,知道我们心里最恐惧的是什么。

在到达"七海屋"后的第一天里,我们好像被人遗忘在了这所大房子里,日本人并没有再出现在我们的面前,这反倒使我们整天都感到提心吊胆,不停地猜测和讨论日本人把我们关进这里的目的何在。也许,他们要把我们送到某个特别的饭馆或工厂里干活？在我们内心深处，这样或那样自我安慰的幻想依然不断地出现。

我们都希望尽快彼此认识，因为相互了解能给我们带来相互依靠的安全感。在其他六个姑娘之中，丽思、格尔达和埃尔丝是我早已熟悉的朋友，我们都来自安巴拉哇集中营的六号营。

丽思长着一头金色的长发，20岁，比我小1岁，来自一个非常严格的天主教家庭。我一直为丽思的母亲感到伤心，因为她的丈夫在1942年日本人入侵爪哇的时候死在了战场上，她还有两个双胞胎儿子，1943年2月4日被日本人从我们集中营里带走了，因为他们刚刚年满10岁。现在，她又失去了她的女儿丽思。格尔达只有18岁，还是一个非常天真无邪的姑娘。她的身体有些丰满，头发是深棕色的。她一直非常担心她的母亲，因为她虚弱的母亲在集中营里的生活几乎完全依靠格尔达打理。埃尔丝19岁，看上去就是一个典型的荷兰姑娘——皮肤白皙、金发碧眼，还长着一张和蔼可亲的脸。

梅普、贝蒂和安妮三人来自安巴拉哇集中营的另一个营区。梅普的年龄最大，21岁。她是一个十分文静的人，大多数时候总是一个人待着。贝蒂是个心灵手巧的姑娘，她告诉我们说她将来要做一名裁缝和服装设计师。当时她也19岁，同埃尔丝一般大。安妮的父亲是荷兰人，母亲是印度尼西亚人，虽然年仅17岁，但是已经出落得十分漂亮，而且看上去比实际年龄还要年轻。我们七个姑娘几乎立刻就成为了彼此的灵魂伴侣，因为我们心里都已经充分地意识到，从现在起我们必须相互支持、相互鼓励。

进入这个陌生、诡异而又让人不寒而栗的"七海屋"的第一个晚上，孤独而恐惧的我只能早早地上了床。然而，这一天发生的事情实在太多了，纷繁而痛苦的思绪翻江倒海一般冲击着我的心灵，我知道自己无法平静下来，根本不可能入睡。于是，我走出自己的卧室，来到丽思的卧室门口。我敲开门，而她却抢先说出了第一句话："我睡不着。"这时候我们才发现，其他所有姑娘都同样难以入眠。于是，我们大家一起来到了我的卧室里，围坐在那张硕大的双人床上。我们的心依然被恐惧所占据，谁也说不出一句话来，只能彼此默默地拥抱着。我们实在是太需要彼此的陪伴了，潜意识里强烈地以为只要我们待在一起就有了安全。我建议说，我们一起祈祷吧。我从口袋里拿出那本祈祷书，随手翻到一页——那是"赞美诗31首"《慈悲圣父歌》。在这样一个严酷的时刻，这首赞美诗正是我们所需要的。接着，我用颤抖的声音把这首赞美诗从头到尾读了一遍。

虽然我读得很慢并且不断因流进嘴里的眼泪而哽咽，但是大卫写下的这首赞美诗的每一句都深深地触动了我们的心灵，让我们感到了一些安慰。接着，我们又一起背诵了每个人都熟悉的《主祷文》。最后，我们挤在一起，在彼此的臂弯里昏昏沉沉地睡着了。

第二天早上,我第一个醒了过来。我不愿惊醒她们,便轻轻地溜下了床。我决定一个人到后面的花园里去,进行我每日的晨祷。清晨的空气让我感到清新,绿草的嫩叶上挂着一些晶莹的露珠。小鸟也已经苏醒,鸡笼里的小公鸡也已经开始打鸣。一时间,我仿佛又一次置身于一个正常而美丽的早晨里。如果我没有被囚禁在这所房子里该有多好,如果我……这时,我想起《圣经·旧约》里"以赛亚书"中的话:"你不要害怕,因我与你同在。"我开始虔诚地祈祷,我相信天主无处不在,他会拯救我的。

回到我的卧室里,残酷的现实又明明白白地呈现在我的眼前。我看着镜子里的我,由于睡眠不足和长时间哭泣,两眼已经浮肿。突然之间,我的整个身体又一次因再度袭来的恐惧感而变得僵硬。然而,当时的我哪里知道,从此以后的每一天,这种令人发指的恐惧感将日日夜夜地摧残我的身心。

我注意到,大理石桌面上的玻璃水罐里已经装满了饮水。我不无感激地想:"这一定是善良的莎缇娜干的。"我伸手揭开了盖在罐口的纱巾,顺手放在桌面上,缀在纱巾边上的小珠子发出清脆的"叮叮"声,我的心情也仿佛得到了一丝舒缓。当我干渴的嘴唇接触到水的那一瞬间,我觉得它是那么的甘甜。我身上依然穿着昨天白天的衣服,因为昨晚我们都是和衣而睡的,衣服上已经布满了皱折。我立刻有了一个想法：何不把我的衣服交给莎缇娜洗一洗，这样我就有了一个同她和哈桑说话的充足理由。

这时，其他姑娘们也都醒来了，屋里又充满了我们七嘴八舌说话的声音。来到饭厅里，哈桑给我们送来了一顿清淡的早餐。当我们围坐在餐桌旁吃饭的时候，从房子外传来了汽车的声音，紧接着日本军人穿着军靴四处走动的声音也传到了我们的耳朵里。从这一刻起，我们已经清醒地意识到：这幢大房子绝不可能是一个私人的住所，这是一个日本军人想来就来的地方，无论白天还是晚上都一样。

在那天晚些时候，又有两个荷兰女人来到了"七海屋"。这两个人都是已婚妇女，年龄比我们都大，她们的名字分别叫多莉和伊冯娜。在来到这里后的第一天里，她们俩大多数时间都独自待在自己的房间里，不过看得出来她们对这里的情况感到很满意，并告诉我们说，她们俩都是自愿要求到"七海屋"来工作的。她们的话更让我们增加了心中的恐惧：那么，我们被强迫带到这里又是为什么呢？

第二天，几个日本高级军官出现在了"七海屋"里，我们立即被叫到起居室里同他们见面。因为语言不通，我们同日本人的交流一直非常困难。在日本人中间，只有少数高级军官受过"良好"的教育，能说一点儿英语，个别人来到爪哇后学会了几句当地土语，两种语言经常混搭使用，勉强能让人听懂。

总之，经过他们一番词不达意的说明，我们还是听明白了我们来到"七海屋"的原因，其实只有一个目的：满足日本军官的性欲。我们被带到这里来，就是为了让日本军人可以同我们性交，我们必须随时为日本军人提供性服务，并且不许离开这个院子一步。我们这才恍然大悟：这里竟然是一座妓院！他们警告我们说，这里每天24个小时都有士兵严密地守卫着，我们要想逃跑根本就是不可能的。从踏进"七海屋"大门的那一刻起，我们就已经成为了日本军人的性奴隶。

我左右看看其他的几个姑娘，她们一个个早已经震惊得目瞪口呆了。我无法相信刚刚听到的一切，整个身体不由自主地颤抖不停。就在这一瞬间，我的生活被彻底地毁掉了，就如同我一生赖以存在的根基彻底地坍塌了。不可能，这绝不可能！出于做女儿的本能，我马上想到了母亲，渴望回到她温暖的怀抱里寻求安全。此时此刻，我只想见到我的母亲，她是我们全家的情感核心，是一切美好、纯洁和安全的化身。

七个姑娘无不惊恐万状地站在那里，就好像遭受了晴天霹雳、五雷轰顶。紧接着，我们开始大声抗议，做出各种能够想得到的表示拒绝的手势，非常明确地告诉他们：我们决不允许这样的事情发生在我们身上——这是彻头彻尾违反人权的恶行，是对《日内瓦公约》的粗暴践踏，我们宁愿死也决不愿意做他们发泄性欲的工具。面对我们的强烈抗议，几个日本军官却得意洋洋地站在那里,一边嘲笑我们的幼稚,一边告诉我们说,别忘了,我们不过是他们的囚犯而已,他们想要我们干什么我们就得干什么。

自从来到"七海屋"的那一天起,我们就一直在思考逃出去的可能性。但是,这所房子连同整个后院都一直处在日本兵的严密把守之下,逃脱的可能性几乎为零。其次,我们七个人都是白人,即使能够侥幸逃出去,在全是印度尼西亚人的爪哇岛上,也会立即被人发现,重新被抓回来。

这时,为首的日本军官拿出来一些文件,递给我们每人一份,命令我们在上面签字。文件是用日文写成的,我们根本不认识,但是我们还是隐隐约约地感觉到了这是一个什么东西。我们都坚决地拒绝了,这个字决不能签。于是,日本军人开始对我们拳打脚踢、厉声呵斥,但是我们就是不签!

那天的事情发生之后,整个"七海屋"里的气氛就发生了彻底的改变。每一间卧室里都弥漫着挥之不去的恐惧;我们已经被无情地困在了日本人的陷阱之中,再也无法逃脱即将遭受的非人折磨。很快,我们发现房子的前廊被改造成了一个接待区,供日本军人坐下来休息、交流和品尝他们的清酒,最后挑选他们的受害者。

我们很快又接到了新的命令,要我们拍照,这些照片将成为接待区的"菜单",供日本军人挑选时使用。为此,我挑了一件最破旧的衣服穿在身上。我们再次被日本人一个个赶进了起居室里，站成一排。日本摄影师千方百计诱导我们露出笑脸，而我们则还以颜色：怒目相向。所有人的脸上都是一副愤怒和悲戚的表情。

接下来，日本人又给我们每一个人取了一个日本人的名字，最后这些名字分别写到了贴在接待室一块展示板上我们照片的下方。我已经不记得他们给我起的那个名字，从一开始我就不想知道。我只记得那是一种花的名字。随后，有人给我们每个人的卧室里送来了一个花瓶和一大把鲜花，一起放在那张大理石面的桌上。给我送来的是白色的兰花。我们没有留下这些花，而是冒着惹恼日本人的危险把它们扔到了屋后的花园里。到第二天早晨，这些鲜花已经被花园里满地的蜗牛吃得干干净净。

也正是因为日本人给我起了这么一个鲜花的名字以及在"七海屋"期间他们强迫摆放在我卧室里的那些鲜花，在我生命中后来的整整50年里，我对鲜花一直感到深恶痛绝，最不愿意在我生日或者母亲节这样的日子里收到家人和朋友们送来的鲜花。

此后不久，一个日本女人来到了"七海屋"。我们被告知，她就是管理这个妓院的老鸨。这个女人虽然很年轻，但是却长着一张冷若冰霜的面孔，罗圈腿，还戴着一副眼镜。她总是穿着一件制服一样的白色连衣裙，看起来就好像是医院里的护士。她一到达"七海屋"，就明白无误地向我们宣告了她的绝对权威。不过，我们还是多少感到一些安慰，因为我们觉得无论如何她总是一个女人。

我当时曾经在心里想过：谢天谢地，虽然是一个日本人，但是她终归是个女人！是女人就肯定会理解我们的痛苦，会帮助我们、倾听我们的诉说。但是，我们很快就发现：这个女人不会。日本的战争机器已经把她训练成为一个铁石心肠和残酷无情的暴戾之徒。我请求她的帮助，代表我们向日军高层提出申诉，表明我们是被迫来到这个妓院的，绝非出于自愿。她听后勃然大怒，用日语朝我吼叫了半天，无情地拒绝了我的请求，丝毫没有表现出一丝一毫的怜悯之情。

哈桑和莎缇娜虽然身份和我们不同，但是对这个日本女人也害怕得要命。记得有一次，哈桑在上茶时没有使用专门的日本茶杯而用了普通的茶杯，结果被这个女人狠狠地抽了一个耳光。我们后来给她取了个名字，叫"鹰犬"。

与此同时，整个"七海屋"开始忙碌起来，为这个妓院开张作准备。浴室里出现了一些看上去十分奇怪的东西，我们既不知道它们是什么更不知道如何使用。"七海屋"开张的那一晚即将到来，我们心中最为恐惧的事情眼看就要发生了。入夜之后，我们已经不敢独自待在自己的卧室里，而是几个人一起挤在一张床上睡觉。天主啊，在这个世界上，还有比这更为恐怖的事情吗？

接下来发生的事情影响了我此后的一生。那一幕幕不堪回首的经历将始终无情地缠绕着我的灵魂，日本侵略者给我造成的伤痛和留下的疤痕是如此的深刻，我将从此变成另外一个人。

那天晚上，"七海屋"妓院就要开张了。从一大早开始直到开张时间之前，日本人一个个都兴奋不已。他们在这所大房子里走来走去，竭尽全力确保妓院顺利开张。在接待区里，展示板前已经挤满了日本军人，他们都在迫不及待地看着我们的照片。

我不知道自己该往哪里去，还能躲到哪里？也不知道自己该干些什么，只是不停地妄想着怎样逃出这个魔窟。哈桑和莎缇娜也都悬着一颗心，我完全看得出来他们对我们的遭遇都感到痛心。最后，绝望之中我还是决定赌一把，便悄悄躲进了离他俩卧室不远处的一个房间里。"七海屋"里所有的房间都没有门锁。就在我躲进去之后不久，有人突然一脚踢开了房门，一个脸红颈涨的日本人出现在门口。从他跌跌撞撞的样子上看，他显然已经喝得酩酊大醉了。他把身体依靠在门框上，抬起一只手恶狠狠地指了指我，然后冲上来双手粗暴地抓住了我。这一切发生得太快了，我吓得大声尖叫起来。"鹰犬"听到我的喊叫声立刻赶到了现场。她厉声呵斥了他几句，还踢了他一脚，然后把他拖出了房间。很显然，"鹰犬"是在告诉他，妓院当晚正式开张之前，任何人都不许碰这里的姑娘。对我而言，这无疑是一个明白无误的警告，让我预先感受到了即将发生在我身上的可怕事情。

就在天快要黑下来的时候，"守卫"命令我们回到各自的卧室里等待。我看着卧室里的那张床，就好像看到了一个面目狰狞的野兽。也就是从那个时刻起直至今日的每一天，每当我上床睡觉的时候心中就会感到一阵莫名的恐惧。这时，一阵敲门声传来，我们被叫到了餐厅里。我们七个姑娘都是未婚的处女，十分幼稚，对性行为一无所知。我们彼此询问，却谁也不知道会发生什么事情，对即将降临到我们头上的厄运也变得更加恐惧。

同样因为我们都是处女，日本人则表现得格外兴奋。我们都被吓坏了，大家哭作一团。格尔达开始变得歇斯底里，我把她搂进自己的怀里，想给她一些安慰，但是我自己的心脏却也同样因为恐惧正狂跳不已。自我来到这个世界上的那一刻起，我还从来没有感受过如此撕心裂肺的恐惧。我们就像落入陷阱的无助羔羊，等待着被人宰割的命运。姑娘们紧紧搂抱着彼此坐在一起，颤抖着、哭泣着、等待着。至此，我的整个身躯都已经彻底笼罩在无尽的恐惧之中。

即使是时至今日，这种恐惧也让我难以忘怀，它就像一个无法摆脱的万恶幽灵，必将缠绕着我的一生。直到今天，每当夜幕降临、我拉上起居室的窗帘后，这种恐惧就会无一例外地涌上心头，因为黑夜就意味着一次又一次的强奸就要开始了。

我看看其他姑娘，意识到我们除了为自己祈祷之外，其他一切尝试都无济于事。姑娘们都用祈求的眼光看着我，于是我拿出带在身上的《圣经》放到桌子上，随手翻开，用不住颤抖的声音开始朗读第八章中圣保罗写给罗马人的那封信。

姑娘们全神贯注地听着我朗读，我很快就强烈地感受到了耶稣基督正通过《圣经》上那些充满坚强信念和爱的话语触动着她们的心灵。赞美诗也始终是我力量的源泉和有效的慰藉，所以我又拿出了祈祷书，翻到"赞美诗27首"，我们一起诵读起来。

读着这首美丽的赞美诗，它的每一句颂词都给我们带来了莫大的安慰。读完以后，我们又一起背诵了《主祷文》。祈祷让我们惊慌失措的心情暂时平静了下来。我们握着彼此的手，紧紧地挤靠在一起，希望以此获得彼此的力量坚持下去。我们可以清楚地听到越来越多的日本军人来到了"七海屋"，他们特有的那种沙哑而恐怖的日本嗓音以及皮靴在地板上踏出的"咚咚"的声音，无情地敲打着我们的神经。

我的整个身体都因为恐惧而变得热血膨胀，好像持续的电流正通过我的手臂、腿和脚。这种感受是无法用言语表达的，更是终生难忘、永世不能摆脱的。尽管50年已经过去，我仍然会常常再次感受到这种彻头彻尾的恐惧贯穿全身和四肢的可怕感觉，它往往会在我最不经意的时刻里突然爆发，尤其是在观看那些关于战争的电视剧或老电影的时候。我也常常在半夜里被噩梦惊醒，感觉自己依然躺在当年"七海屋"漆黑的卧室里，被日本军人践踏和蹂躏。

这时候，"七海屋"里已经挤满了日本军人，我们不仅能听到他们淫荡的笑声，更能感受到他们急不可待的情绪。我们拥抱着彼此的身体绝望地等待着，等待着那个时刻的到来，等待着最恐怖的厄运的降临。不久，他们来了。

丽思是第一个被选中的女孩，就要被带走了。她惊恐地抓住了一把椅子的椅背，用尽全力抓住不放。那一幕我终生难忘，在那样的情况下，无论她如何拼命反抗终究还是徒劳的，她很快就被日本军人粗暴地拉走，带进了她的卧室里。紧接着，一个又一个日本军人走进来，径直走到他们选中的女孩面前。姑娘们声嘶力竭地哭喊、抗议、号叫，用尽全力拳打脚踢，但是一切都是枉然。这一幕不断地重复进行着，直到所有姑娘都被强行带进了她们各自的卧室。

就在第四个姑娘被带走之后，我慌乱地躲到了餐厅里一张餐桌的底下。我可以清楚地听到从卧室里传来的女孩们的哭喊声，同时感觉到自己的心脏正狂跳不已。我从裤腰里取出插在那里的木头十字架，紧紧地把它攥在胸前。我之所以一直带着这个十字架，是希望它能向我的敌人传递某种抑恶扬善的信息，使自己保持坚强。

我终于还是被发现了。我蜷缩在桌子下，眼见着那双靴子一步步走到了我的跟前，紧接着我被日本人从桌子下面拽了出去。一个身材高大、面目狰狞、体态臃肿而且秃顶的日本鬼子站在我的面前，俯视着我，哈哈大笑着。我企图挣脱他的手，但是却被他紧紧地抓住；我拼命反抗，拳打脚踢，哭喊着、抗议着，但是这一切又有何用？

"不！不！"我大声尖叫着，接着又用印度尼西亚语再次重复着，"不！不！"他使劲把我拉到他的跟前，然后拖着我走进了我的卧室。我一路上拳打脚踢，试图挣脱他的手，可是没有任何效果。一进卧室他就随手关上了门。我跑到卧室的一个角落里，不断地用英语和印度尼西亚语向他求情，希望他能明白我是被迫来到这里的，他没有权利如此对待我。

"不！不！"我不停地喊叫着。我就像一只落入猎人陷阱的动物，蜷缩在那个角落里，再也无法逃脱。"噢，天主啊，救救我，现在就来救救我！"我祈求道，"求你了，天主，请不要让我遭受这样的痛苦。"

那个日本军官走到我的面前，居高临下地看着我，我们俩都很清楚整个事情都在他的牢牢控制之中。为了"七海屋"开张的这一时刻，他已经等待了很久，我的反抗显然扫了他的兴，他已经恼羞成怒了。我惊恐地抬起头看了他一眼，他的身躯就像一堵高墙矗立在我的面前。他从腰间的刀鞘里拔出武士刀，指着我的鼻尖开始吼叫，以此威胁我就范。

接着，他又操起不伦不类的印度尼西亚语和英语，大叫道："我杀，我杀！"他的脸上露出一副充满了仇恨和不达目的誓不罢休的表情。他说的每个字我都听得很清楚，也完全懂得他的意思。奇怪的是，这时我突然感觉到得死亡并不可怕，在那一刻我是真正的想死。与其屈服于他并被他强奸，死亡才是更好的结局。

想到此，我立刻感到自己的内心里充满了力量，这种感受在我有生以来的全部经历中还是从来没有过的，就好像基督本人已经控制了我的整个身心，拥有了我并为我注入了莫大的力量。我平静地告诉这个男人，他可以杀了我，我并不怕死，我也决不会把自己交给他。"不！决不！"我一遍又一遍用英语和印度尼西亚语重复道。

他仍然居高临下的站在我的面前，手里的武士刀也仍然指着我的身体。我打着手势告诉他说，他可以马上杀死我，只求他给我几分钟的时间，让我为自己做一个祈祷。我挺起身体慢慢地跪下去，他手中武士刀的刀尖已经碰到了我的身体。在那一刻，我感到自己对天主的爱更加深厚了，这种爱已经超越了我对任何其他人和事的热爱，并且比过去任何时候都更加的强烈。"我的天主，我爱你。请求你现在降临我的身旁。"我祈祷道，"仁慈的天主，请你饶恕我的罪孽。基督使我坚强，我要为你而死。我爱你，耶稣基督，我全心全意地爱你。"

当我说完最后一句祈祷词之后，我已经感觉到了心灵上的平静和安宁。在很久以后，当我终于回到母亲身边的时候，她曾经告诉我说，就在那同一天晚上的同一个时刻，她躺在营房的床垫上突然见到了一束无比明亮的光，它的光芒是那么的耀眼夺目。

到这个时候，那个日本军官早已失去了耐心。他一把把我拎起来拖到床边，把我推倒在床上，接着便粗鲁地扯掉了我身上的衣服。我赤身裸体地躺在床上，他拿起武士刀，用刀尖从上到下慢慢地划过我的身体；我感觉到冰冷的钢刃从我的喉咙开始划过，经过我的乳房，再到腹部，最后到达我的双腿。我心中充满了对自己裸露着身体的强烈羞耻感。

他就像一只残酷的猫，无情地玩弄着不幸落入它爪子里的可怜的老鼠。就这样继续玩弄了一阵之后，他终于满足了，把刀插进刀鞘，然后开始脱衣服。直到这个时候我才意识到他并没有要杀死我的意思，杀了我他并不能得到任何好处。他很快扑到了我的身上，用他罪恶的身体重重地压住了我。

他的行为让我感到作呕。我闻到了他身上的汗臭味和浓烈的口臭。我使出全身力气想把他从我身上推下去，用脚踢、用手抓，但是他远远比我强壮，我根本无法摆脱他。他最终还是残忍地强暴了我，大发的兽性仿佛永远也没有尽头。眼泪不停地流过我的脸，浸湿了枕头。

我找不到任何语言可以描述这种毫无人性的野蛮奸淫行为。在这个世界上，还有什么苦难比这更为痛苦？对我而言，它对我的伤害已经远远超过了死亡。我全身上下一直不停地发抖，我几乎已经处在了休克的状态之中。我感到身体冰冷而麻木，不得不扭过头把脸深深地埋进了枕头里。我感到了巨大的羞耻，那种被玷污的感觉、肮脏的感觉无情地压在我的心头；我的身体，曾经就像天主的殿堂那样纯洁和美丽，现在却被日本人无情地践踏和凌辱，成为了他们罪恶的寻欢作乐之躯。

过了一会儿，我隐隐约约听到那个日本军官穿好了衣服，最后走出了我的卧室。他一离开，我就立刻从床上爬起来，可是我刚想站起来却双腿一软倒在了地上。我脑子里只有一个念头：我必须立刻离开这个房间。我挣扎着站起来，抓起被他扔在地上的衣服，向浴室里跑去。我要洗掉身上的一切——污渍、耻辱和伤痛；洗掉它，彻彻底底地洗掉它！

跑进浴室，我看到了其他的几个姑娘。我们都在哭泣，也都在做着同样一件事情——不顾一切地洗掉身上的污渍、耻辱和伤痛，就好像只要洗去身上的污物，这一切就根本没有发生过一样。我们彼此无比绝望和惊恐地看着对方，我们该怎么办？整个"七海屋"里现在已经挤满了等待泄欲的"顾客"，我们还能找到一条出路吗？我们不敢到起居室去，更不敢回到我们各自的卧室里，唯一的办法是找到一个藏身之处，并且每个姑娘必须各自藏在一个地方。我尽量悄无声息地离开了浴室，跑到了后廊上，躲进了紧靠着哈桑和莎缇娜卧室的一个房间里。我关上门，钻到床底下蜷缩成一团。

我的心脏一直"噗通噗通"跳个不停，整个身体止不住地颤抖，恐惧让我感到身心疲惫。"噢，天主啊，请不要让日本人找到我！"我祈祷道，"这样的事情不能再发生了。求求你，天主，我不能再一次遭受这样的凌辱了。"我蜷缩在黑暗之中，等待着，屋外日本人喧闹嬉笑的声音不断传入我的耳中。

这个时候，我们所有人都已经分别藏到了房子里或者花园里的某个地方，而日本人也开始了对我们的寻找。他们没有料到事情会发生如此突然的变化，七间卧室里竟然一个姑娘也没有。后廊上很快传来了日本人愤怒的叫喊声，军靴发出的可怕"咔咔"声响离我越来越近了。几个日本人冲进了我藏匿的房间，七手八脚把我从床下拽了出来。我脸上挨了重重的几记耳光，然后被他们拖回了我的卧室里。我哭泣着站在卧室里，抓起一条毛巾盖在自己颤抖不已的身体上。这个时候还只是入夜后不久，更加漫长的夜晚还在后头；接待区里等待发泄的日本人也越来越多了。难以遏制的恐惧再一次笼罩在我的心头。

从现在起，我们将被迫遭受日本人无数次惨无人道的凌辱，而今天仅仅只是一个开始。在此之前，我无论如何也不可能想象得到人世间竟然还有如此痛彻心扉的苦难。面对日本人犯下的所有罪孽，我只能在心里向耶稣基督倾诉，祈求我主保佑我的灵魂。我不断地问我自己：我将如何在今后的无数个日日夜夜里生存下去？这样的日子会有多长，几天还是几个月？"七海屋"开张的这个夜晚在我脑海里留下了永远无法磨灭的记忆，并一辈子无情地折磨着我的心灵。

··❀···❀···❀···❀··

令人发指的恐怖开张之夜过去之后，第二天清晨，我们七个惊魂未定而又身心疲惫的姑娘在饭厅里相聚了。我们彼此紧紧地抱在一起，为我们失去的贞操而哭泣，彼此安慰，彼此寻求生存下去的力量。我们相互询问："昨晚你被日本人强奸了几次？""我们该怎么办？"我们不过是几个弱女子，是孤立无助的受害者。

哈桑见到我们之后，立刻送来了一些热茶，接着又为我们端来了早饭。看得出来，他的内心非常忐忑不安，脸上流露出一种羞涩甚至是歉疚的表情。他低声嘟囔着说了几句话，对昨晚发生在我们身上的事情表示难过和痛心。作为一个男人，眼见我们遭受日本人的凌辱却无能为力，他的心里无疑十分痛苦。

就在我们吃完早饭准备离开的时候，多莉和伊冯娜——我们称她们为"志愿者"——来到了饭厅里。她们俩看上去心情都不错，这在我心里立刻激起了一股愤怒之情。我无法理解，她们俩人为什么竟然自愿要求到这个妓院里为日本人当妓女？我立刻抓住这个时机，直截了当地向她们提出了质问。她们的回答非常简单而直截了当：前不久，日本人同样从她们所在的集中营里挑选出了一些年轻的姑娘，其中的两个姑娘只有16岁。多莉和伊冯娜为两个姑娘感到痛心，于是主动向日本人提出由她们俩替换下那两个姑娘。多莉最后又补充道："不管怎么说，我也不愿意在集中营等着饿死。我一定要活着看到战争结束的那一天。"我这才明白了一切，想想那两个年轻的姑娘，正是因为多莉和伊冯娜的自我牺牲，她们才逃脱了这一劫。那一天，我学到了人生中非常重要的一课：绝不要妄自评判你见到的任何一个人！

回到卧室里，我发现莎缇娜正在为我更换床上的床单。她伤心地看了我一眼，我发现她棕色的眼睛里噙满了泪水。她立刻抬起一只手，用那件早已褪色的卡巴雅的袖子擦去了眼泪。我走上前，伸出双臂把她紧紧地抱在自己怀里，我们以此来彼此安慰和鼓励。我很想同她说一会儿话，因为她让我想起了我们在泽比灵家中的另外两个我深爱的家庭成员——伊玛和索艾米。我和莎缇娜在床上并肩坐下来，我向她询问了她的情况。她以前一直在一个荷兰人的家里当佣人，就在离此地不远的地方。

"那个时候的日子真好。"她告诉我说，"我们有工作，也有足够的食物。现在，我不仅连给自己买一套纱笼卡巴雅的钱也没有，甚至连让我的孩子们吃一顿像样的饭都不可能。"在日本人的残酷统治下，当地的印度尼西亚人同样过着十分艰难的生活。

这时，丽思来到了我的卧室里，手里拿着玫瑰念珠。在"七海屋"的七个姑娘中间，只有我和她两个人是天主教徒，其他人都是新教徒。"我们祈祷吧！"她举起手里的玫瑰念珠对我说。从那天开始，我和丽思就养成了每天早上一起诵读《玫瑰经》的习惯，有的时候还不止一次。我们都很惊讶地发现，一起诵读《玫瑰经》可以极大地缓解我们的痛苦，治疗我们受伤的心灵。50年之后，我和丽思终于在荷兰再次相见，一见到我她的第一句话就是："还记得我们无数次一起诵读《玫瑰经》吗？"

在"七海屋"期间，我们的休息时间很少，一直处于疲惫不堪的状态之中。一般来讲，我们在白天里是相对安全的，但是房子里依然始终有很多日本兵。他们从这里来来去去，在这里休闲和彼此交往，我们只要一出现，他们就会瞪着色眯眯的眼睛盯着我们看。在这里根本没有任何隐私可言，其结果是，我们也经常在大白天被他们奸淫。但是，相对而言我们对夜晚更加恐惧。每当夜幕开始降临的时候，这种恐惧就会在心头积聚，最后蔓延到我的整个身体，无情地摧残着我的心灵。

每天晚上,我都会在"营业时间"到来之前把自己藏起来,每次换一个新的地点,但是每次也都被日本人找到,很快我就再也找不到可以藏身的地点了。那一天,我四处都找不到可以藏身的新地方,情急之下只好爬上了花园角落里的那棵大树。小时候,我经常爬上果树摘果子吃,所以爬树一直是我的长项。我很快爬到了那棵树的顶部,在一个树杈上坐下来,藏匿于浓密的树枝和树叶之中。坐在那棵树上,我可以看到"七海屋"高墙外的世界,看到街上行走的人们和赤身裸体玩耍的孩子。看到这一切使我倍感伤心,我再也不可能走进外面的那个世界了。

很快,我就发现"七海屋"里的所有人都在寻找我。他们显然已经找遍了我曾经藏匿过的每一个地方,现在已经失去了耐心,一个个怒不可遏,大声地喊叫着我的那个日本名字。我坐在树上丝毫不敢动弹,不敢发出一点声响,一颗心"怦怦"跳个不停。

接着,他们开始到外面寻找,看来他们以为我可能已经逃到了"七海屋"之外。我在树上至少坐了一个小时,很庆幸自己已经逃脱了一次强奸。后来,有人拿着电筒再次来到了花园里,我知道我的运气已经用完了。

手电筒的灯光沿着树干照上来,最后直接停在了我的脸上。"猫捉老鼠"的游戏结束了,日本人勃然大怒。我遭到了日本人的一顿痛打,然后立即被拖回我的卧室里——床边站着一个日本军官,他早已经等得不耐烦了。虽然我被打了一顿,但是我仍然觉得这是值得的,我学到了一点:任何一次拖延,哪怕只有一分钟,也能推迟这个恐怖夜晚的开始。

随着时间的推移,我们七个姐妹之间的关系越来越紧密,我们每天都会一起讨论自己的处境,设法找到一个应对日本人强暴的最好办法;我们还一起分担恐惧、痛苦和耻辱。有的时候,我们也会苦中作乐,一起回忆起战前的好时光,像孩子一样"咯咯"地笑一会儿。我们太需要彼此的陪伴和安慰了,在我们之间友谊和爱的纽带正变得越来越坚实,它已经成为我们内心最为强大的精神支柱。姑娘们已经习惯于从我这里获取精神力量,每天我都会带领她们一起祈祷,一起读"赞美诗"和"福音书"。对我们每一个身在"七海屋"的不幸姑娘说来,祈祷已经成为我们生活中不可缺少的重要内容。

有时候,我甚至会情不自禁地想到这样一个问题:我之所以来到这里,莫非就是为了这个目的?我对主的信仰和天主教家庭的教养,帮助我生存下来。当又一个恐怖的一天过去之后,我都会背诵一遍"耶稣祷文"。我会戴上我的十字架,像耶稣那样说道:"父啊,赦免他们,因为他们所做的,他们不晓得。"在那一个又一个我生命中最黑暗的夜晚里,正是这一句祷词维系着我的精神和生命。无论是我遭到日本人的毒打、羞辱还是精心组织的轮奸之后,我都要背诵这句祷词，而这种祈祷正是为那些蹂躏我的日本兵而做的。我一直随身带着我的那个木头十字架——就放在我的腰带里，后来我发现日本人把我叫做"带着十字架的姑娘"。

我也一直带着那张白色的手绢，那是我们从安巴拉哇集中营被带走时一个女人塞到我手里的。一天上午，当我们七个人都站在后廊上的时候，我拿出一支铅笔，请每一个姑娘在这张手绢上写下了自己的名字，然后我在上面写下了"26-2-44"的字样，那是我们被日本人强行从集中营里带到"七海屋"的日子。此后，我用针线把每一个签名都绣在了手绢上，每个名字都用了不同颜色的线。这张绣有我们七个姑娘名字的白色手绢，我一直深藏了50年，因为我担心一旦我的家人看到了它，就会好奇地问起它的由来。他们肯定会问我："这张手绢上为什么绣着那些名字？"虽然它是我最爱、最亲密和最珍贵的物品，但是也是我藏得最隐秘的物品。它是日本人对我们犯下的野蛮罪行的秘密证据。

在我后来的生活中，这张手绢几乎已经成为我的"圣物"。我曾经无数次悄悄地把它从藏匿的地方拿出来，拿着它紧贴在我的脸颊上，为它所见证的那一段痛苦的经历而独自哭泣。

一个月过去了，我仍然生活在恐惧之中。这种恐惧让人疯狂：它是如此的痛彻肺腑，我全身的每一根神经都能清楚地感受得到；它又像噩梦一样挥之不去，白天、黑夜，每时每刻都在吞噬我的心灵。我已经尝试过我能想出的每一种方法，以躲避日本人的奸淫，但是都以失败告终。一天早上，我再一次问我自己："我还能做些什么？"

我看着镜子里的自己，突然想到了唯一一件还没有尝试过的事情：我可以让自己的外表变得丑陋而令人厌恶，让日本人望而却步。我想到了放在梳妆台抽屉里的那把剪刀，于是我在镜子前坐下来，拿出剪刀开始剪去我的全部头发。我胡乱抓住头发，紧贴着头皮一把一把地剪下去，直到自己变成了一个真正的秃子——头上只剩下了参差不齐的发茬。我看着镜子里那个光秃秃的脑袋和苍白的脸，那模样确实让人恶心。我就是要变得丑陋不堪，我心里想，只有这样他们才不再会有糟蹋我的兴趣。

我从地上捡起一把又一把我的棕色头发，满满的攥在手里，心里充满了悲伤。就在这个时候，我听到了敲门的声音。格尔达走了进来。她惊恐地看着我喊道："燕妮[①]，你都干了些什么呀？"很快，其他姑娘也来到了我的卧室里，她们

[①] 原文为"Jannie"。Jane、Joan、Jean、Joanne等词都来自希伯来语，是John一词的女性名词，而Jan、Jannie、Jeannie等又是它们的昵称，它们在不同语言中拼写不同且发音也有一些差异。因此，这里对作者的称呼"Jannie"也是一种昵称，按照荷兰语发音译为"燕妮"。

都被吓坏了，纷纷道："你怎么能这样做啊！""燕妮，你的头发多漂亮啊！"很显然，她们还没有明白我的用意。埃尔丝转身跑了出去，不一会儿手里拿着一张头巾又跑了回来，她想用这张头巾遮住我光秃秃的头。但是，我坚定地拒绝了。我告诉她们，我就是要把这个秃头露出来，让日本人看了倒胃口。丽思看着我，安慰道："燕妮，如果这个办法行得通，那么我也会剪掉自己的头发！"

由于我坚持毫不遮掩自己的秃头，所以这个消息很快就在"七海屋"的"顾客"中间传开了，说是有一个姑娘为了尽量避免"顾客"喜欢上她，剪掉了自己的全部头发。其结果却是，我立刻成为众人竞相一睹的目标；我希望远离日本人的愿望却引来了他们更加强烈的关注，很多日本人竟然指名道姓要那个剪掉头发的姑娘。但是，尽管如此我仍然认为我并没有做错。

·· ❄ ···· ❄ ···· ❄ ···· ❄ ···· ❄ ··

日本鬼子都喜欢玩扑克牌，所以我们都找来了几副扑克牌放在卧室里，通过玩牌尽可能推迟或避免他们对我们的凌辱。结果，在我的卧室里竟然逐渐演变出来了一种怪异的程序：首先，我会尽量让日本人明白我是被迫来到这里的，绝非出于自愿，因此我是绝不会允许他们碰我一根手指头的。

事实上，这种声明根本无济于事，日本人对此的反应几乎完全一样，都是无情的讥笑和置之不理。接下来，我的战略就是尽可能的拖延时间，任何借口都行，这个时候也就是扑克牌派上用场的时候。对我说来，只要能推迟被奸淫的时间就达到了目的，哪怕仅仅是一分钟、半个小时，也是值得全力争取的。道理很简单：一旦一个日本鬼子从这里离开，另一个立刻就会进来。

当日本人玩腻了扑克牌游戏的时候，他们就会马上翻脸，把手中的扑克牌甩到桌子上，嘴里"伊啦哇啦"地嚷嚷着我听不懂的话。紧接着，他们就会毫不留情地把我拖到床上。

每一次，我都会尽一切可能抗拒日本人的强暴。对我而言，不做任何反抗而轻易就范，就是一个弥天大罪。正因为如此，没有一个日本人能够毫不费力地实施对我的迫害，他们往往还会以杀死我相威胁。也许有人认为，既然日本鬼子最终总是能够得逞，停止反抗岂不是能够减少对我的伤害吗？即便如此，我也绝不可能停止反抗。在无数次这样的反抗过程中，我都会拼尽全力，狠狠地拳打脚踢、又抓又挠，因此也使一些日本人受了伤。因为我不停地反抗，有一天我被叫到了办公室里，"鹰犬"明确告诉我说，如果我不停止"殴打"日本"客人"，他们就要把我转送到三宝垄闹市区的另一所妓院里去，那里的"客人"都是普通的日本士兵而非军官，而妓女都是当地的印度尼西亚人，条件也更为恶劣，在那里我就不得不日夜"工作",根本没有片刻的休息时间。

我带着恐惧离开了办公室,悲伤的泪水流下了我的脸颊。我感到了无助无望而又精疲力尽,我的精神几乎崩溃了。我迫切需要得到其他姑娘们的支持,也许尤其应该同梅普谈一谈。梅普是我们七个姑娘中年龄最大的一个,她应该能帮助我。但是,我也同时为梅普感到担忧,因为她最近总是郁郁寡欢地独自待在一旁,很少参与我们的交流。绝望似乎已经把她摧垮了。因为饭量骤减,她的体重也急剧下降,整个人看上去是那么的悲伤和憔悴。想到此,我更加渴望立即见到她,于是走到她的卧室前,敲了敲门。然而,屋内并没有传来应答的声音。

卧室的门微微开着,我推门走了进去。我一眼就看见她躺在地上,全身上下已经被鲜血浸透,一张脸苍白得犹如白纸。我立刻大声呼救。在我们这些姑娘中间,梅普的表现始终是最为坚强也最为聪明的,每当我们遇到问题都会向她请教。然而,正是她这样一个意志坚强的人想要剥夺自己的生命——她用一把刀割开了自己的手腕。幸运的是,我来得很及时。

"七海屋"的那个日本女人"鹰犬",立刻表现出了一个护士的高效率。梅普的伤口立刻被包上了,紧接着汽车把她送去了医院。我们不知道是否还能再见到她。然而,几天之后她就回到了"七海屋",脸色苍白得吓人,也更加少言寡语。我们都没有再谈及这个可怕的事件，也没有向她提出更多的问题，大家都默默地关心着她、支持着她、爱着她。

虽然多莉和伊冯娜也都是沉默寡言的人，但是有些时候她们的出现会使我们感到一种安慰。一天晚上，一个日本军官来到了我的卧室。他是个出了名的非常残暴的家伙，我们都非常怕他。一见到他，我就吓得要命，立刻拔腿跑出了卧室。伊冯娜把这一切都看在眼里，她知道这个日本鬼子之前曾经强奸过我，所以她知道我根本不敢再回到卧室里接待这个家伙。于是，她走到我跟前，体贴地说道："好了，把他留给我吧。我替你应付这个家伙。"

接下来，她开始挑逗那个我们称之为"混蛋"的日本军官，最后把他引到了她自己的卧室里。伊冯娜是比利时血统，说起话来带有法国佛兰德人的口音。我喜欢她，因为在她和多莉两人中，她的心肠更为善良，在我很多次寻找藏身之地的过程中，好几次都是她主动为我提供了帮助。她会悄声对我说："到这里来，躲到我的床下面去。那里应该是安全的。"

我听从她的话，躲到了她的床下。然而，这样一来我就不可避免地见证了她同那些日本"客人"的全部行为，这让我在心存感激的同时又感到十分尴尬和不安。"你现在赶快出来吧！"完事后她总是这样对我说，"否则你就会有麻烦了。"伊冯娜让我躲藏在她的床下，每次都至少使我免除了一次被日本人强奸的痛苦。

··❀····❀····❀····❀····❀··

一天上午,有人给"七海屋"送来了比平时更多的鲜花。"鹰犬"显得非常兴奋,再次表现出趾高气扬的模样,不断下达着各种各样的命令。

每当出现这种情况,就意味着某个重要的日本军官将要到访"七海屋"。但是这一次却有些不同,来的人竟然是一个日本医生。"鹰犬"告诉我们说,他要对我们进行身体检查。一听到这个消息,我的第一个反应是这个人应该有可能为我们提供一些帮助。作为一个医生,他肯定会对我们的遭遇感到同情,从而设法使我们的处境得到改善。这个医生如期来到了"七海屋",立刻被"鹰犬"热情地迎进了办公室里。紧接着,我走到办公室门口小心翼翼地敲了敲门,要求见一见这个医生。

一走进他的房间里,我就像往常一样礼貌地向他鞠躬,然后尽力向他说明在这个"七海屋"妓院里所发生的一切,尤其强调了我们绝不是自愿来这里为娼的真相,我还详细向他讲述了我们是如何被日本人从集中营里强迫带到这里的全过程。这个医生会说几句印度尼西亚语,所以交流和申诉起来比较容易。我最后告诉他说,这是违反《日内瓦公约》的行为,请求他把这种寡廉鲜耻的罪行报告给有关最高当局。

我看着这个日本医生,也不知道他是否听明白了我说的事情。这个人身材高大,脸上戴着一副眼镜,身体向后靠在椅子上,两手交叉抱在脑后,一双眼睛上上下下仔细地打量着我。他的这种神态让我感到不安。他对我告诉他的一切显然毫无兴趣,也丝毫没有流露出怜悯和歉疚的表情。我的心很快就变得冰凉,但是至少我已经尽力了。

突然,这个日本医生猛地站起身向我走来。从他脸上的表情看,我已经明白了他的企图。他伸出手想抓住我,但是我的反应很快,立刻转身逃出了他的办公室。我向后花园跑去,准备把自己藏在那里。我直奔那个矮小的鸡窝而去,我想这个高大而肥胖的日本人应该无法钻进那个鸡窝里去。我四肢着地从鸡群中爬过去,受到惊吓的鸡在我身边扑腾着、叫着,到处是飞舞的羽毛。几分钟之后,这个大块头日本医生也来到了鸡窝前,然后蹲下身子企图从鸡窝狭小的开口处挤进来。几个跟在他身后的日本兵则站在一旁欣赏着这滑稽的一幕,不时发出令人恶心的狂笑。

过了一会儿,两个日本人走上前来,抓住我的腿把我从鸡窝里拖了出来。每一次的反抗都是这个结局——我最终都会以失败而告终。日本医生把我的双手反剪在我背后,牢牢地抓着我往前走,最后把我推进了我的卧室里。接下来,他毫无人性地强奸了我。这就是他来到"七海屋"的第一天犯下的恶行！

我无法理解一个医生竟然也能做出如此下作的事情。也就是从那一天起，我对所有医生都抱有极大的恐惧，除非实在是迫不得已，否则我绝不会去看医生。

在接下来的几天里，这个日本医生连续多次来到"七海屋"，在后廊的一个房间里设立起了他的诊室，一些妇科医疗设备也摆放出来。我们都很清楚，不久我们就将一一接受他的检查，看看我们是否感染上了任何性病。

他每次来到"七海屋"，都会在大白天里对我进行强奸，就好像这已经成为了他的"工作程序"之一。身体检查的那一天终于到来了。为了彼此鼓励和支持，每个姑娘进去检查时都会有另一个姑娘陪伴在她的身边。这个日本医生的行医方式让我感到可怕，不仅如此，还同时让我们遭受到了莫大的羞辱。

他那个所谓的诊室根本就没有门，更让人无法容忍和蒙羞受辱的是，给我们检查的时候总会有几个日本人站在一旁观看。实际上，这些日本人都是在他的鼓动下来旁观的，他们有的直接走进诊室里，有的站在入口处，我们就在他们一双双淫荡眼睛的注视下接受妇科检查。这样的身体检查同被人强奸又有什么不同，其恐怖的程度甚至有过之而无不及。

这样无情的羞辱让人难以忍受。在一生中，我第一次真正懂得了耶稣在被钉上十字架之前，被人剥去衣服时所遭受

的痛苦。也因此,每次日本医生检查完离去之后,我就会立刻回到我的卧室里,背诵"苦路十站——耶稣被剥去衣裳":

> 他们终于到达了牺牲之地,准备把他钉上十字架。他的衣裳被人从他流血的身体上剥去,而他——至圣所——赤身站在那里,暴露在众人粗俗而嘲讽的目光之下。

"我的主啊!"我祈祷道,"他们可以剥去我全身的衣服,剥夺我拥有的一切,羞辱我、虐待我,毁掉我年轻的生命。他们也可以剥夺我的青春、我的自由、我的财物、我的家庭、我的自尊和我的尊严,但是他们不可能剥夺我对你的爱,不可能剥夺我的信仰。这是属于我的,是我最珍贵的拥有,没有人、没有任何一个人能够把它从我心中夺走。"

· · ❄ · · · · ❄ · · · · ❄ · · · · ❄ · · · · ❄ · ·

在日本占领荷属东印度群岛的那些年里,我只遇到过一个正直的日本人。在"七海屋"备受凌辱的那几个月里,这个人给我带来了短暂的喘息和安宁。

当时,我姐姐艾莉娜仍然住在三宝垄,继续在荷兰东印度群岛铁路公司工作,因为日本人十分看重这条铁路,所以这家公司才得以幸存。也因此，艾莉娜没有被抓进集中营，而是同为数不多的其他几个欧洲人——德国人、法国人和荷兰人——留在了工作岗位上。不过，这些人虽然身在集中营之外，但是他们的生存也同样艰难，丝毫不比集中营里的生活容易。到战争后期，他们也同样被关进了集中营。

一天，我把"七海屋"的男仆哈桑叫到一旁，请求他帮我一个大忙——帮我把一封信送到三宝垄城区我姐姐的手里，换句话说就是他是否愿意冒险把这封信偷偷地从这里带出去。一旦他被日本人发现，必将性命不保。他说，他愿意帮我把信带给艾莉娜，因为他非常同情我这个"欧洲姑娘"的遭遇，一直希望能够以某种方式给我一些帮助，所以他愿意冒这个险。我感谢哈桑愿意为我做出如此勇敢和仁慈的行为，并且告诉他我姐姐一定会毫不吝惜地酬谢他。他满是皱纹的脸上露出了善良的微笑。

艾莉娜很快就收到了我的信，她对我在信中讲述的日本人对我犯下的暴行感到震惊和痛苦，于是她立即开始想办法帮助我。她那时同一对德国夫妇合住在同一幢房子里，这对夫妇中的丈夫是一名医生。艾莉娜过去曾经在红十字会组织里当过护士，经常在需要的时候帮助这名医生。日本人接管荷兰东印度群岛铁路公司之后，艾莉娜在公司里以及在同这名医生继续共事的过程中也认识了几个日本人。现在，她该向谁求助呢？日本人是否值得她的信任呢？

思来想去,她觉得有个叫洋次的日本人应该是可以信任的,于是决定求助于他。洋次听我姐姐讲述了我的故事之后,深感不安,当即表示他愿意设法帮助我。他们想来想去也只有一个办法:洋次以嫖客身份到"七海屋"妓院去,同我待上一个晚上,这样至少可以避免当晚我被日本人多次强奸。同样是在哈桑的帮助下,我收到了姐姐的回信。

哈桑把艾莉娜的信交给我时显得很兴奋,还拿出姐姐酬谢他的礼物给我看。他告诉我说,我姐姐的长相和我很像,她是一位非常善良的女士。看到信封上艾莉娜的笔迹,我高兴得哭了。我没有立刻拆开那封信,而是如获至宝的把它紧紧地贴在我胸口上。那一刻,我突然觉得姐姐离我是那么的近,同时又是那么的遥远——我们之间仅仅是咫尺之遥,却又始终遥不可及。但是,现在她已经了解了我的苦难,这对我就是一个极大的安慰。艾莉娜在信中告诉我说,让我等待一个名叫洋次的日本人,他当晚会到"七海屋"来找我。

哈桑还为我带来了姐姐准备的一个小包裹,是他藏在衣服里面带进来的。包裹里有一些奎宁片、一块肥皂——这在当时是非常珍贵的东西——和一本主日祈祷书。她在祈祷书的封面上写下了一首诗,名叫"呼唤基督的十字架"。

她还在这本书的扉页上用荷兰语写道:"我日日夜夜同你在一起,用我的全部精神和力量祈求我主帮助我们。"这本祈祷书我也保留至今,在那黑暗的战争年代里,是它给了我安慰和力量，我会永远珍惜它。时至今日，我每天晚上夜祷时使用的仍然是这本书。

当晚入夜后，我就一直焦急地等待着这个名叫洋次的日本人的到来。我怎样才能认出他来呢？突然，有人给我带来了一个口信：一个日本人点名要我为他服务。这个人会是洋次吗？或者只是又一个寻欢作乐的嫖客？我的脑子里一时交织着希望和痛苦。这时，我看到一个身材较为瘦小的日本男人向我走来，他的脸上带着善良的表情，肤色比大多数日本人更黑，头上长着浓密的黑发。我立刻就明白了：他就是洋次，就是那个来帮助我、使我当晚不受凌辱的人。我的心里立刻充满了喜悦，所有的忧虑和恐惧似乎在这一瞬间都离我而去。

在我生命中这个身陷绝境的艰难时刻，这个男人的到来对我说来就是希望，正因为如此，他那张善良的脸我将永远铭记于心。我告诉他，到我的卧室里去，他脸上立即流露出了羞涩和尴尬的神情，但还是默默地跟在了我的身后。这时的我，心中只有一个感受：我终于见到了我的救星。

他对我的遭遇非常同情，同时对日本人如此对待我们也感到十分羞耻。由于语言表达上的困难，他反复打着谦卑的手势表示道歉，并且告诉我不要害怕，他会一直陪在我的身边直至天明。我紧紧地握住他的手表示感谢。

我们交谈了很久。直到现在，想起当时的情景也让我感到颇为惊讶：我们之间是如何进行交流的？但是，事实上我们做到了，当然其间使用了几种语言——这种一点儿、那种一点儿，也少不了各种各样的手势和肢体语言，甚至连绘画技艺也用上了。

我那天晚上还有另一个感受：感谢天主让人发明了扑克牌。因为我曾一度担心整整一个晚上我同他怎么度过。我拿出扑克牌，教他几种荷兰扑克的玩法，然后他又教我日本扑克的游戏，当然啦，交谈中我还试图说服他成为一名天主教徒！在那之前，我已经很久没有睡过一个好觉了，感谢我主那一晚我终于可以正常地休息了。等到睡觉的时候，我请洋次睡在床上，告诉他我可以在地板上睡，但是他坚持要我睡床上而他睡地板。

我掖好了蚊帐，带着久违的轻松心情在床上躺下来。这个时候我才突然感觉到自己的身体是多么的疲乏和劳累，这也是我第一次有这种感觉。第二天清晨，洋次一言未发就悄悄地离开了，我则迫切地希望当天晚上他还能够再次来到我的身旁。

在此后的一个星期里，他果然每天晚上都来到我的身边，静静地保护着我的安全。为了打发时间，我想到了各种儿时玩耍过的游戏同他分享，做这些游戏都不会因为语言不通而无法进行，比如画圈打叉游戏以及以画画为主的游戏。洋次的到来也同时给我带来了更多艾莉娜的信和她为其他姑娘准备的小包裹。在那些个黑暗的日子里，艾莉娜的来信和小包裹就像温暖的阳光一样抚慰着我们的身心。

几乎就在同一个时候，丽思也找到了一个能够帮助她一晚上免遭蹂躏的日本男人，虽然时间并不长久。这个日本人是一个基督徒，曾经在美国生活过一段时间。当丽思第一次告诉他自己是如何被日本人从集中营里强迫带到这里，这一切都并非出自自愿的时候，他为她感到难过。后来，他几次来到"七海屋"陪伴她，使她免遭了多次强奸。

遗憾的是，洋次的保护不可能一直持续下去。一天，他告诉我说，因为他每天到访这个妓院并且一待就是整整一个晚上，他的日本朋友们纷纷开始取笑他，让他感到非常难堪。我完全可以想象这对他有多难，更何况他从来都没有碰过我一根手指头。就在洋次连续帮助我一段时间之后，突然之间就再也没有出现了。我一直在猜测在他身上到底发生了什么事情，但是始终也得不到任何消息。他的来访是对我的特别恩赐，但是这样的恩赐太美好，因此也难以持续。

在洋次来访的那段时间里，夜里我都是安全的，但是在白天我依然会遭到日本人的奸淫。虽然日本人规定白天只是他们交往的时间，但是他们经常不顾规定对我们进行强奸。我实在是太想知道洋次不再来访的原因，于是我请求哈桑再帮助我一次。我很清楚这样做很可能给他带来极大的危险，于是下定决心这是最后一次请求他去见我的姐姐。哈桑再次给我带来了消息，艾莉娜回答说洋次已经随同一支日军部队一起离开了三宝垄，他再也不可能来帮助我了。

尽管每天清晨洋次离开的时候，我都会真诚地感谢他使我安全地度过了一夜，但是依然让我感到非常难过的是，我没有机会同他告别，没能再一次感谢他为我所做出的一切。

·· ❀ ·· ·· ❀ ·· ·· ❀ ·· ·· ❀ ·· ·· ❀ ··

在"七海屋"度过了几个月之后，我们七个姑娘无一例外都急剧消瘦了。虽然莎缇娜在食物上费尽心思，希望我们能够多吃一些，但是我们哪里还能咽得下去。哈桑和莎缇娜给予了我们最大限度的爱护和帮助，要是没有他们俩的努力，很难想象我们会变成什么样子。他们总是微笑着为我们服务，也总是毫不犹豫地帮助我们躲避日本人的奸淫。不知多少次，莎缇娜把我们藏到了她的卧室里；也不知多少次，哈桑把寻找我们的日本人引导到了其他的地方。我们个个都已经身心俱疲，紧绷的神经已经到了崩溃的边缘。我们一直没有停止反抗，只要任何日本高级军官来到"七海屋"，我们都会向他们提出抗议，然而这些人没有一个听得进去。

在当时的情况下，我们每个人都只能各自寻求保护自己的方法，同时还必须千方百计保存生命的力量和维持求生的希望。对我而言，这种内在的力量和希望来自我的信仰，来自祈祷和天主。我从来没有质问过天主："这样的事情为什么要发生在我的身上？主啊，为什么偏偏是我？"我知道这一切必定都在天主的计划之中，无论发生了什么艰难困苦都只会更加坚定我的信仰。当我失去一切——财物、自由、亲情，所有的一切都统统被剥夺一空的时候，天地间就只剩下了我主和我，所以我比以往任何时候都需要天主。天主是我唯一而坚实的依靠，正是这个原因让我同天主靠得更近，在人们的生活中这样的事情是十分罕见的。然而，就是在当时那种特殊的情况下，它发生在了我的身上。

每当又一个黎明到来的时候，我都无法面对，因为我清楚地知道在这新的一天里将要发生什么事情。我知道我还会被日本人一次又一次地蹂躏，也知道我对此束手无策。我已经在一切可以躲藏的地方躲藏过了，玩过了所有我知道的扑克牌游戏，用尽了我能想出的各种招数，也无数次祈求同情并无数次以失败而告终。我已经无法记住强奸我的众多日本人的脸，在我眼前反复出现的只是一个个恶心而恐怖的肉体，每一次我都必须尽全力抗拒这些龌龊的肉体。

在"七海屋"妓院的日子里，我受尽了日本人的虐待和欺辱。他们留给我的是一个被撕裂、伤痕累累、真正体无完肤的躯体，每一寸肌肤都让我感到痛彻心扉。

我非常想念我可怜的母亲和两个年幼的妹妹。母亲向来体弱多病，我离开集中营的时候她的身体已经非常虚弱。我最担心的是她遭遇不测，一旦失去母亲，约瑟芬和塞莱丝特将如何生存下去？但是，我虔诚的信仰一直激励着我，让我始终隐隐约约地感觉到我一定会有再次见到她们的那一天。我无数次在脑海深处想象着大团圆的情景：母亲和父亲终于重逢，我们这个家庭再一次完整地相聚在一起。我也一直清楚地知道，正是这种对充满了爱和美好家庭的梦想，在维系着我忍辱前行的精神；正是这种对祥和家庭和幸福童年生活的渴望铸就了我在艰难困苦中生存下去的基础。

突然有一天，我发现自己可能已经怀孕了——我的月经没有按期到来——这使我陷入了更大的绝望之中。那个时候，我们不仅害怕染上性病，也同样害怕怀孕，这是两把时时刻刻高悬在我们头顶的利剑。按照所谓的规定，日本人必须采取防护措施，但是很多人根本不予执行。一想到自己可能怀孕了，我就吓得魂飞魄散。我几乎可以肯定，这是妓院开张的那个恐怖夜晚留下的恶果，那一晚我被日本人连续不断地强奸直至黎明。我害怕面对这样的未来：战争结束了，而我却带着一个日本人的孩子出现在家人面前。一旦发生这样的事情，我的生活、我的未来、我的希望和我的梦想，将统统毁于无形。投身宗教一直是我的夙愿，一旦怀孕生子，我又怎么可能从事宗教事业？人们将如何对待我这样的人？而我自己又怎么可能去热爱一个在暴力和恐怖行为中孕育出来的孩子？我脑子里充满了各种可怕的想象，那一晚我绝望地哭了一夜。最后，我还是像以往一样，决定把我的生命交到天主的手中，因为我知道，无论什么事情发生在我的身上，天主都是不会抛弃我的。

第二天早上吃过早饭以后，我把我可能怀孕的担心告诉了其他几个姑娘。从她们的脸上，我看到了和我一样的震惊表情。为了给我勇气，她们纷纷向我表示关切并提供建议。这正是我最需要的。但是，她们每个人的建议都不一样，于是最后大家一致认为我应该向那个可怕的"鹰犬"女人报告此事。她们认为，这个消息说不定会促使他们放我一马，让我回到集中营里去，尽管这种可能性很小。

于是，我向那个女人的办公室走去，每天早上这个时候她都在她的办公室里。因为我打扰了她的"工作"，她满脸不高兴。进门时我已经毕恭毕敬地向她鞠过躬，而她却命令我再次鞠躬，并且必须一躬到底。向她说明我遇到的问题并不难，很显然她立刻就听明白了。她站起身走出了办公室，很快手里拿着一个药瓶又回来了——那就是她解决我问题的手段。她举起药瓶在我眼前晃了晃，告诉我把手伸出来，然后把一大堆药片倒在了我的手上，命令我全部吞下去。

我根本不知道那是一些什么药片，但是很显然是可以使人流产的药物。我拼命地摇头，拒绝吞下那些药片。我不能杀害一个胎儿，即便是这样一个来自日本人罪恶行径的胎儿也不行。就在那一刻，我心中突然涌起了一股保护这个孩子的强烈情感：我的身体里孕育着一条生命，它是无比神圣而宝贵的；尽管它的到来并非出自我的自愿，但是它毕竟将成为我的孩子。我虽然一再拒绝吃药，但是"鹰犬"还是强迫我把那一大堆药片全部吞了下去。很快，我就有了"例假"，又必须继续在这个妓院里"工作"，就好像这一切根本就没有发生过一样。后来，我才得知那个药瓶里装的是奎宁，服用大剂量的奎宁可以导致两个后果：要么引起流产，要么要了我的命。

也算是我的幸运吧，服用那么大剂量的奎宁药之后竟然没有给我带来明显的伤害。我请求"鹰犬"给我一个星期的休息时间，她断然摇着头拒绝了。在她眼里，这都是生意的一部分，生意是不能受到任何影响的。

在"七海屋"的后廊上摆放着一些藤条做成的椅子，空闲的时候我们都会来到这里，坐在藤椅上消磨时光，而在内心深处，我们都下意识地觉得在这里可以远离我们的卧室。有一天上午，多莉和伊冯娜无意中听到了我们的谈话并来到了我们身旁。她们主动和我们交流是很少见的事情。

"我能给你们提一个建议吗？"多莉问道。"你们必须给自己找一个情人。最好选择几个你们了解的日本人，就是那些通常不会粗暴摧残你们的人。同他们搞好关系，鼓励他们来找你，这样这几个人就会每天晚上都来。与其每天晚上遭受不同日本人的疯狂折磨，倒不如忍受这几个相对温和的家伙更容易。"

我想起来了，我确实见到过多莉和伊冯娜与一些日本人调情，有说有笑的显得很开心，仿佛他们只是在做游戏，从中还能得到欢乐。以前看到她们的这种行为，我心里一直非常反感。现在我终于明白了其中的原因，但是即便这个建议还算聪明，我无论如何也无法接受。

·❀· · · ·❀· · · ·❀· · · ·❀· · ·

我们在三宝垄妓院究竟被折磨了多久？我已经记不起准确的时间，但是至少也有三个月。随着时间的推移，越来越多的日本军人开始在大白天里来到"七海屋"，这样一来就连白天那几个宝贵小时也不再属于我们了。我们一遍又一遍地问自己：我们还能坚持多久？日本人有组织的强奸已经把我们逼到了崩溃的边缘。

有一天的傍晚时分，我正独自坐在后廊上，哈桑不知道从什么地方突然冒了出来，为我打开了灯。因为他一向赤着脚，所以走起路来总是悄然无声。"谢谢你，哈桑。"我一边说一边听着从树上传来的蝉发出的单调而尖利的叫声。在灯光的吸引下，一些小蜥蜴纷纷从藏身的缝隙中爬了出来，在墙上飞快地跑过。几只温和的蟾蜍也跳到了后廊的地板上，在蝉鸣的黄昏中寻找果腹的昆虫。这一切都预示着夜晚的降临，从孩提时代起这些声音和景象就一直伴随着我成长，在我看来它们是那么的美好，而在此时此刻，它们带给我的却是挥之不去的恐惧，是我的身躯即将再次被日本人反复蹂躏的可怕预兆。

我再次低头看了看摆在我腿上的几幅画，那是我用铅笔为丽思、格尔达、梅普、埃尔丝、贝蒂和安妮画的肖像。我想永远记住这些姑娘的面容，而不仅仅是已经绣在了那张白色手绢上的几个名字。共同的遭遇在我们之间培育起了深厚的友谊，它不仅把我们紧紧地团结在一起，也成为我们共同拥有的巨大财富。现在，

为了永远记住"七海屋"里受难的其他姑娘，我用铅笔为她们画肖像。这是埃尔丝，当时刚刚19岁。

我把她们的长相都画了下来，这让我感到高兴。因为每个姑娘都以她特有的方式影响了我的生活，她们每个人都为我们这个特殊的小集体作出了独特的贡献，但是，在饱受几个月来的非人折磨之后，我们每个人也已经精疲力竭。

我和丽思越来越多地在一起用玫瑰经祈祷；格尔达变得越来越神经质，总是独自哭泣；梅普好像一个梦游者，常常长时间地在一个地方走来走去；贝蒂无休止地用钩针编织出一块块的小垫子，以此缓和她时刻紧绷的神经；而埃尔丝和安妮则沉溺于相互交流各种各样的食谱，用她们对美食的渴望和对烹饪的热爱来转移她们的注意力。

有一天，"七海屋"里的气氛好像突然之间发生了变化，日本人在下命令的时候显得有些紧张。几个日本高级军官陆续来到"七海屋"，他们在办公室里闭门讨论了很长的时间，还不时传出相互叫嚷的声音。很显然，有什么事情发生了，而且是不同寻常的大事。过了一阵子，我们都被叫到办公室里接受一个日本高级军官下达的命令。我们全部到达办公室之后，这个军官却长时间沉默不语，只是背靠着椅背坐在那里，用眼睛依次看了看我们中的每一个人。我非常熟悉这种猥亵而恶心的眼光，因此很害怕他会从我们之中挑出一个人来满足他的兽欲。

日本人给我们下命令的时候从来都不会使用正常说话的口气，而是大喊大叫。这次也一样，等他终于下达命令的时候,他吼叫着告诉我们说,我们今天必须把自己的随身物品收拾打包,明天我们都要离开这幢房子。他没有告诉我们离开这里的原因,也没有说明我们要去哪里。我们都吓坏了:他们的脑子里又给我们准备了什么样的罪恶计划?我们会不会落入比"七海屋"更为恶劣的境地之中?他们是要把我们送到另一个妓院里去吗?我们都知道,在三宝垄市还有其他几家这样的妓院,里面的姑娘也都是荷兰人。他们会把我们彼此分开吗?现在,我们除了拥有彼此已经一无所有了。

命令下达后,我特意去询问了哈桑和莎缇娜,他们告诉我说,明天他们同样也要离开。他们很高兴终于能够永远离开这个地方,哈桑还主动表示愿意把这个消息带给我的姐姐。于是,我立刻匆忙地给艾莉娜写了一封信,告诉她日本人即将把我们从"七海屋"带走,但是我们并不知道自己会被带到哪里。那是我最后一次同艾莉娜联系,直到战争结束之前我再也没有得到过她的任何消息。

第二天上午,我们不得不同两位忠实的朋友哈桑和莎缇娜告别了,每个人都流下了依依惜别的眼泪。我们对他们的爱是那么的深厚,一旦同他们分别我们都很伤心。"再见!"我一一拥抱着他们说道。我知道,今日一别将来已再无重逢之时。

很快,我们听到了一辆军用卡车开到大门前的声音,我们七个年轻姑娘再一次带着无限的恐惧上了卡车。这一次,我们首先被拉到了三宝垄火车站，而接下来却是在火车上整整两天痛苦而漫长的旅行。这列火车从离开三宝垄火车站的时候起，所有的窗户都已经被木板封得严严实实。在整个旅途中，我们仍然对自己将被带到何处一无所知。火车里的条件让人不堪忍受：难耐的高温和污浊的空气让人窒息。我们看不到外面的景色，因此也无法判断火车行驶的方向；我们被囚禁在车厢里，一步也不许离开；车厢里所谓的"厕所"不过是一只有盖的木桶。在这两天的火车旅行中，我们根本无法入睡，等我们终于到达目的地的时候，所有人都已经疲惫到极致。

我们最终被送到了茂物，一个位于西爪哇巴达维亚市（即雅加达）以南50多公里处的小城镇。日本人对我们这次突然离开三宝垄"七海屋"妓院的原因一直没有做出任何解释，我们唯一知道的是现在我们又被关进了另一个集中营。当我们得知这个集中营就是我们最终的目的地而不是另一个妓院的时候，我们都感到了莫大的宽心！从此，我们在日本人开设的妓院里作为性奴隶的生活终于结束了。

第四章 茂物集中营和卡拉玛特集中营

我们到达茂物的时间是1944年6月。走进集中营之后，日本人对我们进行了"训话"，警告我们在任何时候也不许把我们的经历告诉任何一个人，否则我们以及我们的所有家庭成员都将格杀勿论。沉默就是从这一时刻开始强加到我们头上的，并一直延续了长达50年之久。

位于茂物的这个集中营其实只是一个中转营。集中营由原有的几所荷兰人的住宅构成，四面由铁丝网围绕着，形成一个与外界隔离的封闭囚禁区。关在这个集中营里的囚犯，同我们七个人有着共同的遭遇——都是被日本人从不同的集中营里强行带走，被迫在各个妓院里为日本人充当性奴的荷兰姑娘。直到进入茂物的这个集中营之后，我们才第一次了解到了日本人这种疯狂践踏人权的残暴罪行竟然具有如此巨大的规模。仅在这个集中营里，被她们糟蹋的年轻荷兰姑娘就超过了100人，她们都是日本军方在第二次世界大战期间推行的"慰安妇"政策的受害者和见证人。在这里，我见到了许多过去的朋友，这样的旧友相逢让我们潸然泪下。"天哪！你也是……"我紧紧地抱着我的一位中学同班同学，泣不成声。

与此同时，我的母亲、约瑟芬和塞莱丝特，以及其他强奸受害者的母亲们和她们的孩子，也被送上了火车，经过同样整整两天的痛苦旅行来到了茂物集中营。她们同我们一样，在到达这里之前根本不知道目的地是哪里。

第二天，几辆卡车载着更多的囚犯驶进了集中营。我和其他姑娘们一起跑出营房，想看看新来的都是什么人。突然，一个姑娘大叫一声："我们的妈妈来了！"我们一个个禁不住欢呼跳跃！很快，姑娘们一个接着一个同自己的母亲和兄弟姐妹们团聚了，而我还一直瞪大了双眼，在人群中焦急地寻找着自己的亲人。突然，我终于看见了母亲、约瑟芬和塞莱丝特，那一刻让我喜不自禁，也成为我一生中永远无法磨灭的珍贵记忆和我们姐妹三人终身血肉亲情永不失效的强化剂。我们彼此分别长时间地拥抱在一起，仿佛永远也不会松开我们的双手。当我拥抱母亲的时候，我的手清楚地感觉到了她身上凸起的一根根骨头；在我怀里的塞莱丝特，是那么的弱小和瘦骨嶙峋。自从我离开安巴拉哇集中营最后一次看到她们到现在，芬和塞莱丝特的体重都已经大大下降。

我们一起在那里站立了很长时间，一直用难以置信的目光打量着彼此，欣喜的泪水浸湿了我们的衣襟。母亲面容十分憔悴，让人看了害怕。她的体重又下降了很多，头发几乎已经全白了；两个眼睛在黑黑的眼圈里闪烁，充满了忧虑和紧张；一身破旧而褪色的集中营衣衫，整个人显得那么的苍老和可怜，同我几年前记忆中那个美丽而优雅的母亲形成了巨大的反差。

塞莱丝特仍像过去一样，手里始终抱着她的洋娃娃。但是，我却惊讶地发现这个洋娃娃并不是她最喜欢的那个约兰达。于是，我问她："约兰达到哪里去了？"母亲立即抢先回答道："以后我再告诉你。"后来我才得知，当她们收拾行李准备离开安巴拉哇集中营的时候，日本人强迫她们减少所带的随身物品，万般无奈之下母亲没有允许塞莱丝特把她疼爱的约兰达放进她的小背包之中。这也是我亲爱的母亲一生中唯一一次因为战争而委屈自己的女儿。塞莱丝特大哭大闹，争辩说约兰达并不破旧也不太大，但是母亲却不得不狠心地告诉她说，她已经"失去"约兰达了。后来，虽然塞莱丝特早在成年之前就已经完全理解和谅解了母亲，但是我们亲爱的母亲却终身没有原谅自己，也因此始终再也没有谈起过约兰达这个话题。

妹妹约瑟芬一直是一个十分精明的孩子，她开始用一种非常好奇的目光看着我。她显然已经注意到了我围在头上的头巾，这使我意识到我还没有向她们说明这几个月里我在干什么。为了转移她的注意力，我立刻对她和塞莱丝特说道："我很快就可以给你们重新上课了。"听到这个消息，她们似乎也更开心了。我带着她们向日本人指定我们居住的房子走去，那里是我们的新家——同另一个四口之家合住的新家。

在经历了安巴拉哇集中营拥挤不堪的恶劣条件之后，我们现在使用的这所房子简直可以称得上奢华。我们一家不仅有一间卧室，而且还有一间厨房和一间真正的厕所！不仅如此，房屋里还保留着曾经幸福地住在这里的那个荷兰家庭原来使用的部分家具以及其他生活用品。住在这里的荷兰主人抓进集中营之后，日本人占用了这几幢房屋，所以这些房屋没有遭到当地印度尼西亚人的劫掠。现在，这些房屋又被日本人改成了关押荷兰人的集中营。

我们在房子里发现了一些文件，从中得知了原来的房主人姓普莱，并且从屋里保留下来的几本相册中了解到了有关这个家庭的更多情况。我们使用的正是他们使用过的盘子——其中的一个我至今还保存着；我们使用他们的刀具和剪子，甚至包括剪指甲用的指甲刀——我们称之为"普莱先生的指甲刀"。每次我们使用他们留下的这些东西的时候，心里都会为普莱家庭的遭遇感到难过。我们自己拥有和使用过的一切也同样被留在了身后，每每想到此，我们就会感到心酸不已。

在茂物集中营里，我们的食物有所改善，很可能正是因为这个原因，茂物集中营的生活才挽救了我母亲的性命。这个反常的情况让我们所有人都感到吃惊：似乎日本人想要以此弥补他们对我们的长期虐待和折磨。

一家人终于团聚的那天晚上，我们都早早地睡下了。约瑟芬和塞莱丝特因为长途火车旅行十分疲惫，很快便沉沉地睡着了。在黑暗中，我和母亲并排躺在一起，母女相聚让我感到了一种极大的安全感。我撒娇地挤进母亲的臂弯里，享受着久违的母爱。那个时候，我还不能鼓起勇气告诉她我所经历的不幸，然而我根本没有告诉她的必要，因为她似乎已经知道了一切。那个晚上，母亲一直在黑暗中轻轻地抚摸着我光秃的头顶，她的抚摸是那么的温柔和充满母性的理解，它抹去了数月以来一直盘桓在我精神上的梦魇，让我第一次如此安稳地在她的怀抱中睡着了。

第二天，当我有机会同母亲单独在一起的时候，我把离开安巴拉哇集中营后发生在我身上的一切都告诉了她。我一边向她哭诉那些悲惨的故事一边看着她的眼睛，我看得出来她一直强忍着不让眼泪流出来。这也是我唯一的一次向她讲述我在"七海屋"的遭遇。我深深地知道，她作为母亲心里多么难以接受这样的现实，也正因为如此，在那以后我们再也没有谈起过这个话题，这也使得我的沉默变得越来越深沉。

其他几个姑娘的情况也一样。她们都难以同自己的母亲详细地讲述自己的遭遇，母亲们的心也早已破碎了。在"七海屋"妓院里的时候，我们七个姑娘还能够彼此交流，而现在所有人都只能保持沉默。

我们没有得到过任何人的精神疏导，也没有得到过任何人以任何方式给予的帮助；我们只能默默地生活下去，在他人面前，那一段悲惨的遭遇似乎根本就没有发生过。我了解母亲，深知在那个时候她经历着心如刀绞的悲伤和不得不继续生活下去的艰难。我是她的女儿，如此惨无人道的事情就发生在了自己女儿的身上啊！我下定决心，要向母亲和我的两个小妹妹证明，我还是过去的那个扬，我没有改变，仍然像过去一样性格开朗，我们仍然可以一起欢笑、一起享受快乐的时光。我因为不得不用围巾遮住光秃的脑袋，所以许多朋友都主动为我提供帮助，给我送来了不少的布块和头巾。

第二天早晨，早点名的尖厉哨声把我惊醒，也让我重新意识到一切并没有改变。我们依然还是日本人的囚徒，依然被关在集中营里，唯一不同的只是我们不得不面对另一个集中营的司令官，在他的暴虐和淫威中继续遭受煎熬。这个司令官留着一撇小胡子，于是我们大家在背地里都叫他"小胡子"。他的脸上流露出同样卑鄙和残忍的表情，以至于从那以后一提到日本人，我就会联想到这个人脸上的表情。

在早点名的过程中，集中营的司令官注意到了我。他无疑早已在军官俱乐部的"慰安所"里听说过我的故事——一个疯狂地剪去了自己全部头发的姑娘。他径直走到我的面前，满脸流露出好奇的表情，一心要看看裹在头巾下的我那颗光头。他愤怒地大喝一声，命令我从队列里走出去。我向前走去，感觉到母亲从身后拉了我一把，她一定是出于母亲保护儿女的本能想把我拉回去。所有女人都吓坏了，母亲身边的几个人赶忙伸手把母亲拉了回去，她们害怕母亲的行动不仅救不了我，还会招来日本人的一顿毒打。我站在队列的前面，吓坏了。

司令官飞快地从刀鞘中拔出了他的武士刀，然后迅速地用刀尖挑去了我头上戴着的头巾。我就那样光着头站在那里，在所有的女人、孩子和日本守卫面前被他羞辱，被日本人嘲笑，但与此同时我不仅再一次成为日本人残酷虐待平民的受害人，也再次成为日本人暴行的见证人。很多年之后，我的两个妹妹还经常告诉我说，直到今天她们也无法忘记那一可怕的时刻，无法忘记那个日本司令官仅仅为了验证他听到的传言是否真实，竟然在众人面前无情地揭去了我的头巾，把一个秃头姑娘暴露在光天化日之下。

·· ❉ ·· ❉ ·· ❉ ·· ❉ ·· ❉ ··

在茂物集中营里，我们能够买到一些额外的食品——蔬菜、大米、一个鸡蛋、香蕉或者一点食用油——只要我们有钱。这种交易都是通过日本守卫完成的，他们也都乐意以此捞取一些外快。按理说，我们所有人的身上早就一分钱都没有了，但是女人们却总有办法得到一些钱财并用这些钱财换来日本人颁发的当地货币——卢比。我记得母亲就曾经用她最后的一块10荷兰盾金币换回了299卢比。

那个时候，当地的印度尼西亚人都非常贫穷，因此也非常愿意用食物交换诸如布料等物品或者直接卖钱。我们同他们的交易都是隔着铁丝网进行的，无法从网眼中递进来的物品就从铁丝网上方扔进来。记得我曾经通过这种易货交易的方式换到过一只鸡，我很开心，准备用它来给母亲补补身子。那只鸡就是从铁丝网上方扔进来的，虽然它重重的摔在地上却仍然活着。可是，我不知道应该如何处理一只鲜活的鸡，只知道我不得不先杀死它，然后再拔去它身上的羽毛。我尽力回想着我家原来的厨师伊玛杀鸡和去毛的办法，竟然最终成功地杀死了那只鸡并拔除了它的羽毛，把它做成了一锅美味的鸡汤。这件事让约瑟芬和塞莱丝特对我崇拜得五体投地。甚至在50多年后的今天，她们俩也经常提起这件事，津津有味地讲述"扬如何亲手做出了战争爆发以来我们吃到的第一只鸡的鸡汤"。

这里的情形同我们在安巴拉哇集中营时一样，任何可以吃下去的东西都绝不会浪费掉。香蕉皮经过煎炸后再吃，鸡蛋壳则捣成粉末以增加钙质，我们还试着种植了一些蔬菜。

这所房子里过去使用的窗帘都还依然挂在原处。一天，我把所有窗帘全部取了下来，用曾经属于普莱夫人针线筐里的剪刀等工具，为我们每人缝制了一套新衣服。

没过多久，我又重新为孩子们办起了"学校"；为了整个营区的正常管理，几个分工明确的工作小组也组建起来了。然而，就在我们被关进茂物集中营的几周之后，刚刚形成的良好"新秩序"却突然被打破了。一天晚上，一个日本守卫突然闯进了一个年轻女人的房间。一开始他声称自己闲得无聊，想找人聊聊天，顺便做一点小生意，但是接下来他却突然扑到这个女人身上，企图强奸她。很显然，他知道我们中的一些人在日本人的妓院里"工作"过，所以理所当然地认为我们都是他极易得手的目标。他没有料到的是，这个年轻女人立刻大喊大叫起来，一时间营区里乱成了一团，那个日本兵眼看他的企图难以得逞，也不得不迅速消失在了黑夜中。

这一强奸未遂案件立刻被报告给了集中营的司令官。在第二天早点名的时候，这个日本守卫被叫了出来，司令官命令他站到营区中间的空地上。然后，他大步走到这个守卫面前，用我们听不懂的日本语严厉地训斥了他一阵子。

日本守卫脸上露出了极其恐惧的表情，呆呆地站在那里。紧接着，司令官从腰间的枪套里掏出了他的左轮手枪，一伸手把它塞到了守卫的手里。这个可怜的士兵被迫举起手枪，把枪口伸进嘴里扣动了扳机。他仰面倒在地上，血流满地。这一切都是在整个集中营的妇女和孩子面前发生的，许多孩子吓得尖叫起来，站在我身边一个姑娘因为惊吓过度，当场就昏倒在了我的脚下。虽然我们都被这恐怖的一幕吓坏了，但是至少我们得到了这样一条信息：从此以后我们再也不会受到日本人强奸的威胁了。尽管如此，日本人这种怪异的思维方式却始终让我们百思不得其解：就在不久之前，我们每天都要遭到至少10个日本人的残暴奸淫，而这种有组织的暴行完全是在得到日本天皇裕仁、日本宪兵队和日本最高军事当局认可的前提下进行的。然而，今天的这个日本守卫却因为企图要干完全同样的事情而被迫饮弹自尽。

除了这一可怕的事件之外，我们在茂物集中营里的生活还算过得去，甚至可以说过得太好，所以这样的生活同样是不可能持续下去的。在那几个月里，母亲的体重比先前略有增加。然而，就在我们的菜地刚刚有了一点起色的时候，我们又要被转移到另一个集中营里去了。如此担惊受怕的经历又要重演，这一次又会有什么样的结局？我们将被送往哪里？这将是我们的最后一次转营——当然，我们当时并不知道。1944年9月，我们被送进了另一个规模庞大的妇女集中营，这个集中营名字叫卡拉玛特，位于巴达维亚，也就是现在的雅加达。

走进卡拉玛特集中营之后,我们发现囚禁我们的区域是同整个集中营的其他区域完全隔离的,也就是说这里是一个营中营。这是因为日本军队的高官们害怕所谓的"流言传播",唯恐他们在我们身上犯下的暴行大白于天下。他们把我们单独囚禁在一起,就是为了防止暴露事情的真相。在这里,他们再一次严厉警告我们不得将他们的暴行告诉任何人,违者以死论处。因此,沉默不得不继续。然而,我们遭受的羞辱和苦难并没有因此而结束。尽管日本人严格禁止其他几个营区的妇女同我们有任何的联系,但是"流言"还是不胫而走,其他营区里的妇女们都认为,我们之所以被单独囚禁,是因为我们都是妓女。她们因此十分憎恶地把我们这个营称为"娼妓营"。她们并不真正知道事情的真相,所以简单地认为我们都是自愿到日本人的妓院里卖身的,并且以此断言我们享受了日本人的特殊待遇,吃的是比她们更好的食物。其实,这一切都不是事实。我们的食物比以前更为糟糕,我们同卡拉玛特集中营里所有的女人和孩子一样,一直在饥饿中痛苦地挣扎。

很快,其他营区的女人们开始隔着围墙对我们进行叫骂,写满污言秽语的纸条拴在石头上不断地扔到我们的营区里。她们说我们是"破鞋",是"叛徒",是一群寡廉鲜耻的

"兔子"——这是一种侮辱人格的比喻,即像兔子一样不停地交媾。

唯一没有相信那些传言的是那些同样被关在这个集中营里的天主教修女们。我通过围墙上的一个洞同她们进行了秘密的交流,她们相信我的故事是真实的。虽然我从来也没有见到过她们的面,我们之间的交流都是通过围墙上的那个洞递送的小纸条,但是,能够得到她们的理解和信任,客观上使我得到了极大的安慰。

我们营区里有一个皮肤白皙、长着一头金色长发的女人,我们都叫她"金发女郎"。"金发女郎"曾经在三宝垄市的一个日本人开设的妓院备受凌辱,回到我们集中营的时候已经怀孕。她根本无法知道自己腹中孩子的父亲是谁,只知道这是她在那个妓院里得到的结果。

"金发女郎"是一个年轻而善良的女人,性格很开朗,她甚至对自己腹中的孩子感到骄傲。营区里的孩子们都很喜欢她,当她的肚子一天天长大的时候,孩子们也都期待着新生儿的诞生。结果,"金发女郎"在怀孕七个多月后生下了一对带有日本人长相特征的双胞胎女儿,而且很漂亮!对集中营里的孩子们而言,这对双胞胎极大地转移了他们对单调集中营生活的苦闷,所有的孩子都为这对双胞胎的到来而欢呼雀跃。看到孩子们对自己两个新生女儿的疼爱,"金发女郎"不仅得到了精神上的极大支持,而且也得到了孩子们自愿自发的帮助和照料。

·· ❀ ··· ❀ ··· ❀ ··· ❀ ··· ❀ ··

对我们这些遭受过日本人凌辱的姑娘的母亲们而言，她们最为担心的就是我们的健康，这种忧虑从我们回到茂物集中营的那一刻起就时刻缠绕在她们的心头。因为我们中的每一个人都可能染上性病，所以母亲们一致向集中营当局提出了一个要求：要日本人派一个妇科专家到我们营区里来，为所有遭受过日本人奸淫的姑娘们进行定期检查，以便及时发现性病的威胁。令这些母亲们非常意外的是，她们的要求竟然得到了日本人的同意。不久，日本人从附近一个男人战俘集中营里找到了一位这样的荷兰医生，并把他带到了卡拉玛特集中营里来。他就是斯密特医生。

斯密特医生是一个心地笃好而又善解人意的人。有关医疗设备送来之后，他很快就在营区里建立起了一个小小的诊疗室。除了我之外，所有的母亲和姑娘们都非常高兴。对我说来，这位妇科医生的到来就意味着我过去遭受过的那些羞辱和痛苦又要重演。

所以，一开始我断然拒绝了接受妇科检查的要求，母亲为了说服我费尽了口舌。我认为只要接受他的检查就如同再一次被人强奸一样，可是这种想法怎么可能向我母亲解释清楚？任何人也都无从知晓，这样的检查必然会把我带回到那个日本妇科医生百般凌辱我的噩梦之中，他每次来到"七海屋"都会借检查之机对我进行强奸。这样的经历早已在我的心中播下了对医生们的极大恐惧的种子。

所有姑娘都接受了斯密特医生的检查。他抽取了我们的血样并做了其他诊视之后，我们都焦急地等待着检查的结果。事实证明，斯密特医生的到来意义重大：检查结果发现，在我们100个姑娘当中，有25人已经患上了性病。感谢天主，我不在这个25人的名单之中。

早在安巴拉哇集中营的时候，生活条件就已经十分糟糕了，然而这里的条件却更加恶劣。渐渐地，我们面临的困难开始变得越来越大。随着食物短缺的状况日趋严重，饥饿已经威胁到了我们每个人的生命。营区里耗子猖獗，很快它们就成为了我们的食物。我们还捕捉到了一些又黑又大的蜗牛，但是吃下这些蜗牛之后我们的喉咙都开始发炎，于是谁也不敢再碰它们一下。现在，痢疾已经成为集中营里的头号杀手。污水和粪便在营区的地面上四处横流。

到这个时候，母亲的健康状况已经十分让人堪忧。从皮肤到骨头，她的身体里里外外都被疾病所缠绕，整个身体消瘦得不成人形，我可以轻而易举地把她抱起来，就好像抱起一个小孩子。不久之后，她又患上了肺炎，这是由于长时间睡在我们那间潮湿房间的潮湿床垫上引起的——整个房间墙壁的墙皮因为潮湿而四处剥落。她的病情已经非常严重，人们不得不把她送进了营区里的所谓"临时医院"等死。很快，她开始神志不清，除了我一个人之外其他任何人都不认识了，并且只吃我亲手喂给她的食物。为了保住母亲的性命，我和两个妹妹只能把已经少得可怜的配给食品留给我们的母亲。

在卡拉玛特集中营里，药品尤其是疟疾药是最为紧俏而珍贵的"财物"，每个人都将其视为救命的稻草，否则一旦患病就会性命难保。突然有一天，三宝垄"七海屋"妓院里的两个"自愿者"之一伊冯娜，突然找到我，说她听说了我母亲病重的消息，于是把她保存下来的仅有的一些药片递到了我的手里。她告诉我说："我一直喜欢你的母亲。这些药也许对她能有些帮助。"

我感到非常尴尬，不愿意接受伊冯娜的帮助，但是她还是坚持要我收下。她解释说："这是一些维生素片，其他的是奎宁。"她的慷慨大度深深地感动了我的心灵，说到底，亲爱的伊冯娜始终怀有一颗金子般的心。母亲服用维生素之后病情并没有好转，而是继续恶化了。实际上，她已经病入膏肓，人们一眼就能看出她即将走到生命的尽头。她的体重只剩下了可怜的37公斤，吃到胃里的任何食物都会立刻被呕吐出来。看着我的妹妹约瑟芬和塞莱丝特，我根本没有勇气告诉她们我们的母亲即将离我们而去。

眼看着形容枯槁而无助的母亲正走向死亡，我的心犹如刀绞一般痛苦，我下定决心不让她就这样死去。我只能寄希望于天主，于是我把我的所有朋友都召集到一起，虔诚地为母亲祈祷。然后，我又通过围墙上的那个洞把消息传给了在主营区里那些修女。我把耳朵紧贴在洞口处，终于听到一位修女对我说的话："亲爱的扬，永远不要绝望。我们大家都会不断地为你母亲祈祷，让整个天国都能听得到。"我们举行了"九天祈祷"、诵读《玫瑰经》和连祷，母亲的病情虽然依然如故，但是却始终没有离我们而去，就这样直至战争结束。

1945年1月18日，我在集中营里迎来了自己的22岁生日。约瑟芬和塞莱丝特用省下来的口粮居然做出了一块看似生日蛋糕的东西。这时，我的头发也已经重新长出来了，因为生日的来临我决定穿上自己唯一的一件好衣服。集中营里的所有女人都准备有这样的一件好衣服，那是她们为战争结束而一直珍藏起来的，因为那一天她们要穿上这件好衣服与自己的丈夫重逢。

集中营里开始不断传来战争即将结束的消息。就在我生日过后不久的一天上午，我们突然看到天空中出现了一架飞机，它以很低的高度从我们集中营的上空飞过。当我们看清楚那不是一架日本人的飞机的时候，整个集中营都发出了兴奋的尖叫声，无论是女人们还是孩子们都高兴得手舞足蹈。事情很明显，这架飞机上没有日本人的那个红色膏药旗，我们都能分辨出日本鬼子的飞机和盟军的飞机。飞机在飞临我们上空的时候撒下了一大片传单，就好像《圣经》中上帝赐给旷野中饥饿犹太人的天降食物"吗哪"！传单落到了营区里，我们纷纷跑上前抓起传单，然后大家一起大声读道："鼓起勇气，坚持下去，战争很快就要结束了。"

我们看完那些传单后都立刻把它们销毁了，不过我有一位住在阿德莱德的荷兰朋友，她手上至今依然保存着一张当年盟军空投给我们的传单。日本人当时曾下令她们立即上缴捡到的全部传单，我的这位朋友却设法把她手中的那张藏了起来，留住了这个给我们带来惊人好消息的珍贵纪念品。

虽然这些传单确实极大地鼓舞了女人们的士气，但是它们并不能阻止她们的死亡。在那之后的六个月里，每一天都有几个女人和孩子不幸死去，尤其是幼儿和身体更加虚弱的老人。在我妹妹塞莱丝特的身上，依然穿的是她几年前步入集中营时所穿的衣服，因为得不到足够的食物，几年来她的身体已经完全停止了生长。

1945年8月6日，美国人把一颗原子弹投向了广岛。而在我们爪哇，直到那一年的8月15日日本军队才宣布无条件投降。就在那一天，又有几架飞机从我们集中营的上空飞过，一开始我们还以为那是日本人的飞机，但是当我们看清楚它们都是盟军飞机的时候，那激动的心情根本就无法用语言来表达！

盟军飞行只给我们空投下了食物——很多、很多的大米和饼干——以及药品，其中就包括当时刚刚大量生产不久的盘尼西林（青霉素）。正是盘尼西林挽救了我母亲的性命，使她终于存活了下来！

我们把空投食物分给了营区中的每一个人，我和两个妹妹坐在一起，尽情享受了第一顿我们称之为"自由之餐"的饱饭。那一天，我们一下子吃下了太多的米饭，结果一个个的肚子很快就疼得不行。几年来，我们的胃因为长期得不到足够的食物已经大大萎缩了，突然接受如此大量的食物根本无法承受。这一次的经历使我们都得到了教训，从那以后便学会了慢慢来，一次不要吃太多的东西。

就在我们确定无疑地意识到战争真的结束了的时候，有人立即在营区里打出了一面荷兰国旗——就像变魔术似的。虽然没有人确切地知道这面国旗是从哪里来的，但是当我们第一眼看到它的时候，整个身躯都禁不住疯狂地战栗，热泪奔涌而出。经过了日本长达三年半的血腥占领之后，我们终于再次看到了我们热爱的红白蓝三色旗飘扬在空中。

接下来，人们纷纷开始寻求各自亲人是否幸存的消息，我也不例外。一时间，各种各样的消息纷至沓来，营区里也因此乱成一团，赶来的红十字会工作人员为此付出了十分艰辛的努力。从那时起，我们还不得不在卡拉玛特集中营里再待上五个月,不过我们反正也已经无家可归。与此同时,食物源源不断地送了进来,一批医务人员也很快抵达了卡拉玛特,立即开始诊治生病的囚犯。那些病情尤为严重的人们——包括我的母亲在内——很快被送到了集中营外的一所医院里接受治疗。我们目送着她离开的时候,她的脸色是那么苍白,身体是那么瘦小,整个人显得格外的苍老和奄奄一息。我们又一次被分开了,但是这一次我们坚信她会得到精心的治疗,我们不久就会再次团聚。现在,照料两个妹妹——13岁的约瑟芬和10岁的塞莱丝特——的重担就落在了我一个人的身上。想想她们,正值花一样的童年岁月之时,却有整整三年半的时间在日本人的集中营里受尽了苦难。

随着时间的推移,我们逐渐得到了更多外面的消息,其中当然少不了有关女人们的丈夫和孩子们的父亲的消息。天主仁慈。我们全家人都在战争中幸存下来了,其中也包括我的父亲和哥哥瓦尔德。父亲一直被日本人囚禁在苏门答腊的一个集中营里,而哥哥瓦尔德被德国人囚禁在欧洲的纳粹集中营里。我的祖父亨利也得以幸存,当然还有艾莉娜。

后来,我们终于在红十字会的帮助下与祖父和姐姐艾莉娜相聚了。亲眼看到他们,亲手抚摸他们,亲耳听到他们的话语,亲身感受到他们的拥抱,这一切带给我的喜悦是无法用言语表达的!祖父的"乡村公园"度假胜地、他那所漂亮的大房子以及其他所有度假设施都在战争中被夷为平地,他和我们一样既一贫如洗又无家可归。当荷兰政府开始把在印度尼西亚的荷兰人送回荷兰的时候，祖父在艾莉娜的陪同下乘坐一艘医疗船离开了爪哇，回到了久违的故乡。然而，亨利已经无法在荷兰定居下去了，待到爪哇的局势完全安定下来之后，他又回到了这个他热爱的国度。安巴拉哇女修道院的方济会修女们为他提供了一个栖身之处，他战前的印度尼西亚仆人们得知他归来的消息后，也一直照料着他晚年的生活，直至他1951年7月28日去世，享年87岁。

在同姐姐和祖父重逢之后，我又不得不焦急地等待了很长的一段时间，才最终再次见到了我的父亲。

· · ❁ · · · ❁ · · · ❁ · · · ❁ · · · ❁ · ·

当战火无情地燃遍整个欧洲的时候，一大批欧洲艺术家都逃到了荷属东印度群岛避难。在他们中间，就有著名的匈牙利钢琴艺术家莉莉·克劳斯。1942年她在爪哇巡回演出的时候，日本人侵占了爪哇，她被捕后也被囚禁在卡拉玛特集中营里。现在，三年半的囚徒生涯结束了，莉莉·克劳斯非常渴望再次触碰到她一生钟爱的钢琴键盘。于是，人们为她找到了一台钢琴并送进了集中营里。她兴奋不已，在那以后的几个月里，肖邦、李斯特、舒曼的优美乐曲始终洋溢在卡拉玛特集中营里，那些乐曲听起来是那么的令人心醉，即便是她没完没了地弹奏的音阶练习在我们耳朵里也是同样的美妙动听——毕竟这是在我们刚刚历经了长期的痛苦磨难之后，音乐让人振奋。

·· ❀ ··· ❀ ··· ❀ ··· ❀ ··· ❀ ··

现在，战争结束了，集中营的大门也敞开了，卡拉玛特集中营各个营区之间的隔离亦不复存在，我们已经可以自由地同其他营区的女人们交往。我非常急于见到那些我从未谋面的修女们，希望同她们当面谈一谈。我走进她们所在的那个营区，向一个女人打听修女们所在的具体地点，她却粗鲁地扭头走开了。同时，我听到了其他女人压低声音说出来的话："快看哪，那个人就是从娼妓营里来的。"我感到无地自容。人们对我们的羞辱并没有因为战争的结束而终止，而是依然如故甚至更甚于前。沉默因此而加深，因此而继续延续。

解释又有何用？没有人会相信我们的话。因为我们遭受的凌辱，就连我的两个妹妹也经常受到侮辱。但令人欣慰的是，那些善良的修女们张开双臂接纳了我。虽然经过了战争中的残酷摧残，修女们依然穿着她们的长袍，唯一不同的是那些长袍已经不再像过去那样洁白无瑕，看到此让我感到万分惊讶。

修女们告诉了我一个好消息：那个星期天，一位天主教神父将要到访我们这个集中营，为我们举行弥撒。这个消息让我大喜过望！在经过了如此漫长的战争岁月之后，我终于又可以再一次参加弥撒和接受圣餐了。

在当时的情况下，我非常需要同一位神父谈一谈。于是，在弥撒结束之后，我按照事先的约定去见他，我多么希望我能见到亲爱的迪得里希神父而不是一个我不认识的神父。我怀着一颗忐忑不安的心坐下来同他交谈，开始向他倾诉我在日本人的魔爪中遭受的磨难和凌辱。

在讲述的整个过程中，我几次因为无法忍受如此痛苦的回忆而停顿，把眼泪强咽下肚里。那个神父一动不动地坐在那里听完了我的全部故事。他是一个已经上了年纪的人，我可以清楚地感受到我的故事给他带来的震惊和不知道如何作答的窘迫。他本人也曾经被囚禁在日本人的集中营里，他的脸上布满了囚徒生涯留下的深深皱纹。

最后，我告诉他我仍然希望成为一个修女，请求他为我指点迷津。听到这个话，他一言不发地沉默了很长的时间。我感到很紧张，焦虑地咬着下嘴唇，不停地绞着手指。等到他终于开口之后，我的心也一下子凉透了。我仍然记得他对我说的话，每个字都记忆犹新。

"我亲爱的孩子！"他回答说，"我认为，在这种情况下，因为发生在你身上的那些事，你还是不当修女为好。"现在回想起来，我意识到他所给我的这个建议是完全错误的，并且也是十分残酷的，他完全不必对我如此的歧视。他的话让我感到自卑。难道说,我已经不再具有投身宗教的资格了吗?难道我突然之间变了一个人?难道就因为我曾经被日本人侮辱而永远是一个肮脏的人了吗?

我之所以要求见到他,是为了得到他的理解和支持,万万没有想到他给予我的却是冷漠、疏远和鄙视;我满怀着希望而来,却带着失望而去。那个时候,我对一位神父的话总是言听计从,所以也没有对他的观点产生半点质疑。这就意味着,我必须接受这样一个现实:修道院不是我应该去的地方。然而,基督不是也曾经受到过人们的鄙视,被人唾弃和被人误解吗?想到此我再次获得了勇气。我对自己的信仰依然保持着一如既往的虔诚。

战争虽然已经结束了,但是对我们这些身在巴达维亚卡拉玛特集中营里的女人而言,更多的苦难还在前头。就在日本人投降之后的几个月里,印度尼西亚独立运动开始了,战争又在印度尼西亚人和荷兰人之间展开。在二战期间日本占领印尼的几年里,日本人的反荷兰宣传显然收到了成效,印度尼西亚人再也不愿意回到荷兰人的统治之下,他们开始以暴力反抗我们,这场独立运动因此也直接威胁到了我们的生命。

一大批荷兰人挤在集中营里,这使我们成为印度尼西亚自由战士最容易得手的攻击目标。他们主要在夜晚实施攻击：翻墙进入营区里，用刀和手榴弹杀死荷兰人。在日本人的集中营里经历了三年半的非人生活之后，看到妇女和儿童被残忍地杀死，让人不寒而栗。

我最要好的朋友之一也来自安巴拉哇集中营，她同我一样被强迫送进了三宝垄的一家妓院为日本人提供性服务。一天晚上，一个印度尼西亚人从窗户爬进了我和她所在的房间里，扑到她身上割开了她的喉咙，然后迅速地逃之夭夭，留下惊恐万状的我呆呆地站在那里。我的朋友血流满地，我却因为害怕凶手再次返回对我下手，一直不敢出声。那恐怖的一幕给我留下了终生的恐惧，至今我也不时会在噩梦中看到当时的惨状。

50年之后，我重返爪哇，特地前往二战死难者公墓凭吊那些屈死在集中营里的女人和孩子们。我找到了这个勇敢姑娘的安息之地，给她送上了一小束鲜花。

在集中营度过的最后五个月里，我们根本不敢离开营区一步，外面的世界时刻充满了危险。当局也一再警告我们不得外出，否则后果自负。但是，我是不可能不去医院看望我母亲的，而走完通往医院的那一段路单程需要20分钟。每次走在这条路上，我都面临着被人枪杀的危险，但是我已经无数次地面对过死亡，死对于我似乎已经无所谓了。

我还记得其中一天的经历：我正走在前往医院的途中，

突然发现一个印度尼西亚人手持尖刀蹲在我头顶的树杈上。我只能假装没有看见他,硬着头皮往前走,心里一直"怦怦"跳个不停。不知道因为什么原因,他并没有跳下来杀死我。到达母亲所在的医院之后,我看到不断有死伤的荷兰人被送进来——一个个鲜血淋淋,不是刀伤就是枪伤。形势已经变得非常严峻,盟军不得不把英军第二十三印度师派到东印度群岛上维持秩序。这支部队原来驻扎在新加坡,刚刚经历了缅甸战役的硝烟,正准备返回英格兰。他们的归程被推迟了,来到爪哇保护我们的安全。

英军部队的到来使集中营里的荷兰人欢呼雀跃,这支部队中除了来自英国本土的士兵之外,还有一个由廓尔喀士兵构成的印度师。英军在集中营的每一个角落都架起了机枪,相貌凶狠的廓尔喀士兵时时刻刻在营区内外巡逻、守卫,这是在将近四年的时间里我第一次感到了真正的安全。

英国部队还给我们在集中营里的生活带来了巨大的欢乐。士兵们同我们分享他们的口粮——想象一下我第一次打开一个桃子罐头时的那份欣喜之情,那简直就是天主赐予我的甘露!孩子们还得到了士兵们送给他们的巧克力,对那些年幼一些的孩子而言,得到如此香甜的糖果还是开天辟地头一回。

英国军队还为女人和孩子们组织了舞会和各种晚会。女人们尤其是年轻姑娘们都尽情享受英军带来的欢乐,这些舞会和晚会通常都是在英军驻地——巴达维亚的一所荷兰中学里举办。孩子们的脸上重新有了笑容，女人们也再一次为自己的容貌而感到骄傲。这些英国军人不仅仅挽救了我们的性命，而且对我们非常慷慨和友好。对于这一点，历史一直没有给予他们充分的肯定。

有一天，我再次走出营区，准备去医院看望母亲，就在通过集中营大门的时候碰到了汤姆·鲁夫。当时，我只是看见一个英俊的英国士兵向我走来，十分关切地告诉我说一个人离开营区是很危险的，然后又自告奋勇道："告诉我你要去哪里，我用吉普车送你去。"

从那以后，汤姆便把这件事当成了自己义不容辞的责任，每次我去看望母亲的时候，他都会把我安全地护送到医院。他会带上另一名士兵坐在副驾驶的位置上，这位士兵的步枪始终对准前方，汤姆驾车在一片枪林弹雨中疾驶，我则蜷缩在那辆军用吉普车前后座之间的空隙里。一个战时的爱情故事就这样萌芽了，我和汤姆开始经常约会。

那个时候，我有两件看起来还不错的连衣裙，每次参加舞会前我都会问汤姆："我该穿哪一件，蓝色的好还是白色的好？"我开始越来越喜欢这个男人，约瑟芬和塞莱丝特也喜欢他，大概是因为他经常把自己配给的巧克力送给她们吃的缘故吧。汤姆心地善良、为人温厚、内心纯洁——一句话，就是一个好男人——他穿着军服的模样非常英俊。当我意识到自己已经爱上他的时候，我决定把我的故事向他和盘托出。

一天上午，我和汤姆坐在吉普车里聊天，车上只有我们两个人，我觉得这正是把自己内心最深处的恐惧和痛苦向他倾诉的好时机。他全神贯注地听完了我的故事，其间没有打断过我一次，我看到他眼中饱含着热泪。最后，在我声音颤抖、伤心得无法自制的时候，汤姆伸出双臂把我搂到了他的怀里。他强壮而温柔的手臂让我感到宽慰，他就那样默默地把我抱在他的怀里。他深情地对我说道："我爱你，扬。你是个漂亮的姑娘。"那一刻，我是多么需要听到这样感人的话语啊！

汤姆得知了发生在我身上的悲惨故事之后，对我的态度并没有丝毫的改变，他对我的爱也一如既往。他没有像那个天主教神父那样得出错误的判断和结论，而是以他的爱心和理解抚慰我心灵的创伤，在他的支持下我的自尊和信心开始恢复了。汤姆从来也没有要求我忘记过去，但是他更清楚地知道我永远不会忘记他的那句话："你是个漂亮的姑娘。"这样的表白无疑是我得到的最为珍贵的礼物。

他认为，现在最为重要的事情就是把日本人的这一战争罪行上报给有关当局，于是他把我带到了当地最高军事当局——英军宪兵司令部的面前。我向他们讲述了我的故事，但是此后这件事情却不了了之。看来，他们认为这种事情似乎并不重要，不值得深究。

就在我和汤姆相识仅仅两个月之后，我们决定订婚。那是1945年在英军驻地举办的圣诞节晚会上，一支印度尼西亚乐队奏起了《我将永远爱着你》①，汤姆拿出一枚戒指，郑重其事地戴在了我的手指上。我看着手上的戒指，心里充满了幸福。那是一枚非常漂亮的金戒指，上面镶嵌着一枚大大的翡翠。对我而言，这枚戒指是我收到的最珍贵的礼物——翡翠象征着我出生的热带土地，绿色象征着希望。

为了给我买到这枚戒指，汤姆冒了极大的风险。战争期间，所有荷兰人的商店都被当地印度尼西亚人劫掠一空，珠宝店更是无一幸免。汤姆通过一个印度尼西

每次我要到医院去看望母亲的时候，都是汤姆自告奋勇护送我安全前往。一个战时的浪漫爱情故事由此开始。

---

① 《我将永远爱着你》（I'll Be Loving You Always）由美国著名词曲作家欧文·柏林创作，1926年美国著名黑人女舞蹈家、歌唱家乔瑟芬·贝克首唱，1942年经美国著名男歌手和演员弗兰克·西纳特拉重唱后广为流行。

亚商人了解到了一处还能买到这样一枚戒指的地方，但是那个地方远在英国军队的有效控制范围之外，要想买到这枚戒指就不得不面临巨大的危险。但是，汤姆已经下定决心一定要送给我一枚订婚戒指，于是他还是不顾一切禁令去了。

汤姆叫上了他的两个战友，让他们都全副武装起来，然后三个人一起跟着那个印尼商人来到一个偏僻村庄里的一所房子前。两位朋友站在屋外密切地守护着，汤姆则走进屋里为我精心挑选了这枚戒指。订婚仪式办得非常热闹，而那首《我将永远爱着你》的歌曲则从此成为我们俩的"专用"歌曲。

汤姆的许多战友和我在集中营里的朋友们都来到了晚会现场，为我们订婚祝福和庆祝。那一天天气很潮湿，所以我特地带上了我的那把折扇。在订婚仪式上，我从包里拿出这把扇子，展开来放到我面前的一张桌子上，然后邀请每一位来宾把自己的名字写在了这把扇子上。这把折扇至今还保留着，成为我珍视的战争纪念物之一。几十年过去了，折扇上的铅笔签名已经淡化，但是依然能够辨识。每当我打开这把折扇的时候，那些名字就会跃然眼前：汤姆、罗夫蒂、山姆、莱思、尼克、阿尔夫、西里尔……幸福的记忆就会涌上心头。我很想知道，折扇上的这些二战老兵们后来的生活还好吗？他们中还有哪些人现在依然在世？

就在我和汤姆订婚之后不久，我们同父亲也终于团聚了。他一直被日本人囚禁在苏门答腊岛的帕干巴鲁[①]战俘集中营里。那一天,当我们突然看到他从卡拉玛特集中营敞开的大门外向我们走来的时候,谁也不敢相信自己的眼睛。我和妹妹约瑟芬立刻向他跑去,父女三人紧紧拥抱在一起,泣不成声,久久不愿松手。他看上去病得很厉害,瘦削的躯体仿佛只是他的影子。那一天,我们不停地说着话,几乎长达四年的离别该有多少事情需要倾诉啊!

父亲没能见到我母亲和塞莱丝特,他感到很失望。他们的重逢还将被继续推迟,而重逢的地点也将在千里之外的荷兰。由于爪哇的局势日趋恶化,荷兰政府开始用船把大批荷兰人送回荷兰。首先踏上归途的是重病在身的人和老人。1945年11月,母亲和我最小的妹妹塞莱丝特在巴达维亚港口登上了一艘名为"奥兰治号"的医疗船,离开了爪哇,留下我和约瑟芬继续待在卡拉玛特集中营里。

我和汤姆享受的恋爱过程十分短暂,因为我也即将离开爪哇前往荷兰,与在那里的家人团聚。让我感到非常高兴的是,我们离开之前汤姆终于见到了我的父亲。他们俩仿佛一见如故,彼此都立刻喜欢上了对方。

[①]帕干巴鲁(Pakan Baru)是印度尼西亚廖内省省府,位于苏门答腊岛马六甲海峡的东南入口处、滨锡阿克河右岸,是印尼重要港口城市和鱼产品市场。在印尼语中,"帕干巴鲁"的意思是"新市场"或"新镇"。

第五章 一个时代的结束

1946年1月11日,父亲、我和约瑟芬离开了我们出生而又深爱着的印度尼西亚,登上了前往荷兰的"约翰·范·奥尔登巴内费尔特号"①轮船。望着渐渐远去的爪哇岛,我们谁

---

①约翰·范·奥尔登巴内费尔特(Johan van Oldenbarneveld)是尼德兰联省共和国首相、大议长,杰出政治家,也是继"沉默的威廉·范·奥伦治"之后的第二个荷兰独立之父。在他的主导下创立了荷兰东印度公司。1618年被政敌以叛国罪逮捕,次年被公开斩首。

"约翰·范·奥尔登巴内费尔特号"轮船是当时荷兰轮船公司建造的最大柴油驱动客轮,排水量为19787吨,1929年8月3日首航。"约翰·范·奥尔登巴内费尔特号"客船是专门为往来于荷兰和荷属东印度群岛之间的荷兰商人而建造的,第二次世界大战期间成为英国和澳大利亚之间的运兵船。二战结束后,该船又成为荷兰最主要的"移民船"之一,先期从荷属东印度群岛等原荷兰殖民地把荷兰人运送回荷兰,继而成为运送荷兰海外移民至澳大利亚的主力班轮,先后执行了从荷兰至墨尔本的44次航行,在荷兰向澳大利亚移民历史中起到了重要作用。

也不知道自己是否还能再次回到这个故乡来。

驶向荷兰的航程令人激动不已。因为这艘船在第二次世界大战期间曾经被用做运兵船，所以我们在船上睡的都是吊床。离开爪哇的时候，我们身上都穿着热带的衣服，又薄又凉爽，所以当轮船抵达苏伊士运河以后，红十字会的工作人员不得不上船来为我们准备暖和的冬衣。所有女人的服装都是统一的，男人的服装也一样。当我们在第一个寒冷的冬日来到轮船甲板上散步的时候，穿着统一服装的我们看上去就是一群名副其实的难民！

这一套简单的蓝色服装在我的记忆里留下了深刻的印象。那时候，我很想让自己的衣着看起来有所不同，而我的箱子里正好带着一些可以用作装饰的布料。于是，我把那些布料剪裁成不同的花的图案，再把它们缝到了我的衣服上。结果，我聪明的手工活竟然吸引了全船人羡慕的眼光！我感到非常骄傲：我的衣服就是不一样！

1946年2月底，我们的船已经驶到了鹿特丹港外的海面上。我父亲把我们叫到了甲板上，希望用他的爱和热情激发出我们对祖国荷兰的感情。"看看吧，记住你们看到的一切。"他深情地对我们说道，"我们已经抵达荷兰的海岸了。"然而，这个国度在我们的心中除了能再次见到母亲和其他家人，并没有任何的意义。

在阿姆斯特丹我姨妈的家中，父亲和母亲经过四年的痛苦离别之后终于团聚了。那是充满了无限欢欣和深厚感情的一幕，看到他们彼此相拥而泣、满脸流淌着幸福的泪水，我已经无法想象世界上是否还有比这更加美好的时刻。在这一刻，语言表达已经显得那么的苍白无力，他们对彼此深深的爱早已在那一个久久不愿分开的拥抱中展现得淋漓尽致。他们彼此深情地注视着对方，流着热泪不断地抚摸着彼此的身体，就好像至此也难以相信这个奇迹般时刻的到来。我一边目睹着父母亲重新得到幸福的场面，一边在心里全心全意地感谢天主让他们两人都生存了下来。

我记得母亲一遍又一遍地站在镜子前打量着自己的面容，她要确保自己以最好的形象出现在父亲面前；很显然，她对同我父亲的重逢一直感到紧张。战争岁月已经在他们身上留下了难以磨灭的印记，三年半的饥饿和苦难已经让她变得苍老而憔悴。

在帕干巴鲁战俘营里的那几年中，一直维持着父亲生存渴望的念头只有一个——同自己的爱妻团聚。对他说来，母亲就是这个世界上最漂亮也最完美无瑕的女人，是他整个生活的核心和力量源泉；她也是天主在他这一生中赐予他的最珍贵的礼物。在漫长的战争岁月里，她就是漫漫黑暗和战俘营苦难生活中耀眼的希望之光。随着岁月的流逝，母亲在他的梦中却越发变得美丽而珍贵了。

战争给我的父母亲都留下了严重的身体和精神创伤，这种创伤是如此的难以消除，以至于在很长的一段时期内他们俩的状况都没有缓过来。凡是二战期间曾经被囚禁在日本人的集中营里的人，倘能幸存下来，也已经完全变了个人。我父母早已失去了他们拥有的一切：美丽的家园、个人财产和谋生之道。父亲已经到了51岁的年龄，却不得不一切从头开始——在一个完全陌生的国度里寻找工作，而身为来自原荷属东印度群岛的难民，这并非易事。当时的荷兰刚刚经过了战争和德国占领的蹂躏，千疮百孔、百废待兴，正在痛苦地挣扎着重新站立起来。大量荷属东印度群岛难民的到来，成为了与当地荷兰人争夺工作和住房的强劲对手，他们不需要这些难民，也不欢迎他们的到来。许多难民根本无法在荷兰定居下来，很多人后来不得

身着奥黛丽·赫本送给我的宽松上衣，读着汤姆写来的情书。1946年摄于阿姆斯特丹。

不转而移居澳大利亚、新西兰和加拿大等国。

来到阿姆斯特丹之后，我甚至连足够的御寒衣物也没有。荷兰的亲戚们深知我的困难，纷纷给予我慷慨的帮助。在这些衣物中有一件最为特别，因为那是奥黛丽·赫本送给我的。我们当时住在阿姆斯特丹我姨妈的家里，姨夫名叫本·冯·阿斯贝克。姨夫有一个侄女，她正是奥黛丽·赫本。奥黛丽的母亲是荷兰人，父亲是英国人。我们到达阿姆斯特丹之后不久，奥黛丽就离开荷兰去了英国。她知道我需要衣服，于是临行前把一件黄色的长袖上衣和其他一些物品留给了我。我非常喜爱这件上衣，一直穿了许多年。奥黛丽·赫本成为电影明星之后，我曾经到处向人们炫耀这件衣服就是她送给我的。

渐渐地，我们整个大家庭也团聚了，祖父亨利、我哥哥瓦尔德和姐姐艾莉娜一个不缺。虽然我们都在战争中幸存了下来，但是战争给我们留下的创伤却远远没有痊愈。

一天晚上，当我和父亲独自在家的时候，他把战争中所经受的苦难告诉了我。这也是我们父女俩自重逢以来第一次如此认真而深入的交流。我也希望把那段岁月带给我的苦难一一讲述给他听。

父亲在日本人的手里遭遇了最为可怕的经历，那一段回忆成为他余生无法摆脱的梦魇。

　　每年的9月，也就是日本货船"顺阳丸"①被击沉的那一个月，父亲都会回忆起沉船时恐怖而惨烈的一个个细节，像孩子一样痛哭流涕。1942年3月1日，日本军队在爪哇登陆，父亲正在军中服役。荷兰军队投降后，他被关进了日本人在芝马圩②设立的战俘营，后来又被转移到了巴达维亚郊区的望加锡③战俘营。

　　1944年9月，望加锡战俘营的囚犯被日本人用卡车拉到了

---

①"顺阳丸"（じゅんようまる）是第二次世界大战期间的一艘日本货船，1913年由苏格兰格拉斯哥的罗伯特·当肯造船所（Robert Duncan Co.）建造。最初由一家名为朗与富尔顿（Lang & Fulton）的英国公司所有，称为"阿德格姆（Ardgorm）号"，后几经易手，于1927年由日本三阳社合资公司获得所有权，更名为"顺阳丸"；1938年以后为日本马场商事所有。之后被日本陆军征用，装设640个床铺，用于运输战俘和强征的劳工。

1944年，日本军队在苏门答腊岛修建"死亡铁路"，"顺阳丸"被用于运送盟军战俘和在印尼各地强征的苦力至铁路工程所在地。9月16日，"顺阳丸"离开爪哇。9月18日，在苏门答腊外海被英国潜艇"贸易风（Tradewind）号"击沉。这次船难共造成5620人死亡，生还者仅为723人（由于统计资料的差异，各文献中有关"顺阳丸"载人总数、战俘和劳工人数、遇难者及生还者人数等均有差异）。

②芝马圩（Tjimahi）是印度尼西亚西爪哇省万隆市附近的一个小镇。第二次世界大战期间，日军在此建有一所大型国际集中营，其中曾经关押了33个国家的战俘和侨民1万多人。

③望加锡（Makassar）是印度尼西亚南苏拉威西省的首府，也是苏拉威西岛上最大的城市。望加锡坐落于苏拉威西岛的西南部，濒临望加锡海峡。

巴达维亚的丹绒不碌①，父亲也在其中。数千名战俘将从这里出发，被运到缅甸和苏门答腊岛修建后来臭名昭著的"死亡铁路"②。

在港口上，父亲看到了那艘他们将要乘坐的"顺阳丸"——一艘锈迹斑斑的老旧日本货船。4000名爪哇苦力首先登上了船，这些人都是日本人从爪哇各地的乡村里抓来

---

①丹绒不碌（Tandjong Priok）又称"丹戎普瑞克"，是印度尼西亚首都雅加达的外港，全国最大货运港。

②这里提到的两条"死亡铁路"分别是泰缅"死亡铁路"和苏门答腊岛上的"死亡铁路"。

泰缅铁路约为400公里，修建时间始于1942年初。日军修建这条铁路的目的是将已有的仰光至丁那沙宁铁路和新加坡至曼谷铁路连接起来。铁路要通过崇山峻岭、跨过湍急河流和经过蛮烟瘴雨之地，自然条件十分恶劣，通常需要5年至6年才能建成，但是，日军为了战略需要，要求这条铁路必须在18个月内完成。日军在征调英、美等国战俘从事修筑工作的同时，还通过强征或欺骗手段使用了大约15万名民工，其中华人劳工约占总数的20%以上。据统计，惨死者超过6万人，伤残者4万多人，也就是说每1里长的路轨，都是用约64名战俘和240名劳工的性命换来的，因此这铁路被称为"死亡铁路"（详见马来亚纪念日据时期殉难同胞工委会编印：《精魂忠骨，永昭日月：日据时期殉难同胞追思活动1995年—2001年纪念刊》，2002年8月，第14页）。

在印尼苏门答腊岛上的"死亡铁路"长约230公里，连接帕干巴鲁和马鲁两地。1944年4月，日本同样在强迫盟军战俘参与铁路工程的同时，强征了大量印尼劳工，其中包括当地华人。这条铁路同样要穿越大片原始森林，自然条件极为恶劣，疟疾等热带疾病频发，加上日本人的虐待和强迫劳工们超负荷工作，使得约半数劳工身亡，这条铁路也因此成为一条名副其实的"死亡铁路"。

的，他们同其他国家的许多人一样成为战时为日本服苦役的血泪劳工。

9月16日中午时分，"顺阳丸"驶离了丹绒不碌码头，穿过巽他海峡①前往巴东②和苏门答腊。船上共载有6500人，其中包括2500名战俘。

苦力和战俘们像沙丁鱼似的挤在"顺阳丸"的货舱里和甲板上，甚至连解手都只能站在原地解决，因此整个船上很快就变得臭气熏天。不仅如此，这一趟航行还将面临巨大的危险，因为大海上到处都是游弋的盟军潜艇。

1944年9月18日，一枚盟军潜艇发射的鱼雷击中了"顺阳丸"，船体被爆炸撕开一个大口子。在船舱里的4000名惊慌失措的苦力一起疯狂地向上层甲板涌去，现场完全失去了控制。紧接着，第二枚鱼雷又击中了"顺阳丸"的尾部，船开始下沉。我父亲当时处在船体下部靠近引擎室的地方，他不得不奋力爬到顶层甲板才能逃生。他急中生智，立即脱掉了

---

①巽他海峡（Sunda Strait）位于东经105度40分、南纬6度零分，苏门答腊岛和爪哇岛之间，是一条狭窄水道，宽26公里至110公里，连接太平洋的爪哇海和印度洋。

②巴东（Padang）是印度尼西亚西苏门答腊省首府及该省最大城市，位于该省西海岸。16世纪时，巴东是当地的贸易中心。在16、17世纪时，人们在此处种植胡椒，并远销到印度、葡萄牙、英国及荷兰。1663年时，荷兰人攻占此地，并于1680年建立了贸易站。后来巴东曾经二度成为英国的属地。由于巴东有金矿矿脉，自1780年起，黄金就成为巴东最重要的贸易商品，后来金矿开采殆尽，主要贸易品则为咖啡、盐及纺织品等。

鞋子、袜子和外衣，全身只留下了一条短裤，他甚至连心爱的玫瑰念珠也扔掉了。

在惊恐万状的人群中，父亲看到了加尔默罗修会的随军牧师泽维尔·沃洛特，于是向他喊道："准备跳船！"但是，沃洛特牧师摇了摇头，回答说："我的使命就是留在人们需要我的地方。再说，我也根本不会游泳。"于是，父亲立即把一个可用作漂浮物的东西递给他，并再一次请求他立即跳到海里去。然而，沃洛特牧师还是拒绝了。他留在了自己的岗位上，为船上的所有人祷告、整体赦免了他们的罪孽。他在我父亲的额头上画了一个十字，两人拥抱告别，父亲随即冒险从高高的甲板上跳进了冰冷的海水里。"顺阳丸"沉没后，1278名荷兰战俘死于非命，其中就包括沃洛特牧师。

父亲水性极好，他知道他必须游到离"顺阳丸"尽可能远的地方，以避免被船下沉时引起的漩涡吸入海底的危险。他四处张望，发现了一块漂浮的木板，立刻游过去抓住了它。随后，他又发现了另一块漂浮的木板，木板上还带着一根缆绳。于是，他把两块木板拴到一起，把自己挂在了木板上。很快，另外六个在他附近水中挣扎的人游了过来，他们一起用那根缆绳把两块木板重新扎成了一个简易的小木筏，七个人爬上木筏，勉强漂浮在水面上。在他们周围，到处都是呼喊着救命而即将淹死的人们。

"顺阳丸"上的救生艇全部被日本人占用。在海面上，许多苦力或战俘企图抓住救生艇求生，但是日本人残酷地砍掉了他们抓在船帮上的手。父亲也遇到了同样的难题：一个爪哇苦力也想要爬上他们这个小木筏，他的举动几乎使木筏彻底翻覆。他苦苦哀求木筏上的人带上他，但是这个木筏已经不可能承载更多的人，并且海面上还有无数想要爬上这个木筏求生的人，如果他们允许他爬上去，就意味着木筏上的七个人也将同他一起沉入海底。因此，他的请求被拒绝了。

我父亲告诉那个人说，去找一块木板做一个他自己的木筏，然而那个人显然已经精疲力尽，早已无力继续坚持下去了。"你相信上帝吗？"父亲问他，"那就祈求上帝宽恕你所有的罪孽吧。"他在他眼前画了一个十字之后，狠心地掰开了那个爪哇人抓住木筏的双手。慢慢地，那个人就在他们的眼皮子底下消失在深邃的大海之中。这件事在父亲的心灵上留下了永远不能愈合的创伤，使他在余生中的无数个夜晚里，反复经受着失眠和噩梦的折磨。他痛苦地抽泣着告诉我说："我当时根本就没有选择的余地啊！"

他们七个人在茫茫大海上随波逐流，整整漂浮了两天两夜，最终被一艘寻找幸存者的日本巡逻船救起。然后，他们和获救的其他30个幸存者一起被日本人关进了苏门答腊岛上的帕干巴鲁死亡集中营。在那里，他被迫在苏门答腊的热带密林里做苦役，为日本人修建那条230公里长的"死亡铁路"。

在那期间，很多战俘死于痢疾、营养不良、疟疾、劳累和热带溃疡。父亲虽然奇迹般地在帕干巴鲁集中营里幸存下来，但是却受尽了日本人的非人折磨，全身上下到处留下了鞭挞和折磨的疤痕。然而，日本人虽然可以摧垮他的身体，但是却始终不能摧垮他的精神。

在一个适当的时机，我把战争期间日本人对我的虐待告诉了父亲。听到自己的女儿竟然遭受了如此惨无人道的折磨，父亲几乎崩溃了。他也像母亲一样，无法接受这个残酷的事实，从此再也没有提起这件事。但是，他那张老泪纵横的脸却永远地留在了我的记忆里。

在我回到荷兰后到与汤姆结婚的六个月里，我和汤姆每天都给彼此写信。一个人在信里能说的话远远比面对面要多得多，我相信正是因为这些书信，使汤姆意识到了我在婚姻生活中的性生活上会难以适应，他将不得不非常耐心地等待我身心的恢复。最后，我终于带着对这位善良而真诚的绅士的热爱，下决心把战争留下的阴影抛之脑后，前往英国开始自己的新生活。

汤姆在为英国军队服役六年之后终于退役。1946年6月，他回到了英国。不久之后，我就搭乘一艘夜航班轮从荷兰的荷兰角港①前往英国的哈威奇港②。与亲人们告别使我再次感到了痛苦，我们一家人毕竟刚刚团聚不久。由于我的父母亲在战争中丧失了自己所有的财产，所以他们拿不出任何东西送给我这个即将出嫁的女儿，这件事一直让他们感到歉疚和痛苦。我们逐一相拥相吻，依依惜别。

这一次的海上航行一直颠簸不停，一路上我几乎没有睡觉。在哈威奇港口的码头上，汤姆和他的父母迎接我踏上了英格兰的土地。我的心里既感到欣喜若狂又感到有些害怕。那是我第一次看到不穿军服的汤姆，他穿着一身铁锈色的运动服，完全不同于过去那个身着戎装的军人，我第一眼几乎没有认出他来。

从哈威奇到沃尔萨尔③还有很长的一段路，一路上我和汤姆坐在他家那辆"亨伯牌"汽车④的后座上，绝大多数时间都

---

① 荷兰角港（the Hook of Holland）是荷兰西部城镇，濒临北海，位于新水道（Nieuwe Waterweg）运河北岸。荷兰角港为鹿特丹市下辖的一个区，面积约16.7平方公里。

② 哈威奇港（Harwich）位于英格兰东南部埃塞克斯郡，东临北海。哈威奇港和荷兰的荷兰角港之间有定期班轮。

③ 沃尔萨尔（Walsall）位于英格兰西米德兰兹郡，距伯明翰约13公里，是一座工业城市。

④ "亨伯牌"（Humber）汽车是英国著名汽车品牌，其历史可追溯到1868年成立的托马斯·亨伯自行车公司。第一辆"亨伯牌"汽车是一辆三轮汽车，产于1898年；第一辆四轮汽车产于1901年。1928年鲁特斯兄弟控股"亨伯"，后于1932年将其纳入鲁特斯集团（Rootes Group），主要生产豪华型轿车，最具代表性的品牌为"亨伯超级狙击"轿车。

紧握着彼此的手。来到剑桥城外时汽车停了下来，汤姆的父亲为我们俩买了满满一篮子新鲜的草莓。有生以来我一直吃的是热带水果，所以这是我第一次品尝到英国的水果，感觉它的味道是那么的甜美。也就是从那天以后，草莓就成为了我最喜爱的水果。

到达位于英国中西部地区伯明翰附近的沃尔萨尔之后，汤姆的父母，也就是我的新爸爸和妈妈，热情地把我迎进了自己的家门。两位老人对我非常好，可以说是我见到过的最为热情和慷慨的人，我已经深深地爱上了他们。他们对汤姆即将同我这个他从日本人的集中营里拯救出来的外国年轻姑娘喜结连理感到十分高兴，而我的到来也在沃尔萨尔引起了不小的轰动，我立即成为人们热议的话题，所有人都对我表示了热情的欢迎。

在当时的战后英国，衣服还实行配给制，汤姆身上穿的是英国政府作为对参战将士的奖励而提供的服装，他称之为"遣散装"。所以，人们一出门就会见到一个颇有些滑稽的景象：所有退伍军人都穿着完全同样的服装走在大街上！好在我的公公和婆婆有一些门路，我得到了一件暖和的冬衣和一双靴子。不过，那双靴子根本不保暖，我的脚很快就被严重冻伤了。

汤姆的母亲是一个烹饪高手，是她教会了我如何做英国菜，我们俩一起在厨房里度过了许多快乐的时光。我从她那里学会了如何在周日烤牛肉和制作约克郡布丁，如何用薄荷酱烧羊腿，以及如何做出浇汁肉丸子、面包和黄油布丁。这些烧饭做菜的技艺时常勾起我孩提时代对印尼沙嗲烤肉和抓饭的遥远记忆！

1946年8月14日，我和汤姆在沃尔萨尔的圣玛丽天主教堂正式结婚。那一天，前来参加婚礼的客人肯定有90人，而我一个也不认识。来宾们都十分友善和慷慨，给我们送来了许多很特别的礼物。然而，我内心深处却不免感到有些悲伤，因为我的家人一个也没能参加我的婚礼。由于第二次世界大战刚刚结束，一般人要想买到一件白色的婚纱根本不可能，不过通过鲁夫家族生意上的一个老客户的帮助，我终于得到了一件非常漂亮的婚纱，婚纱上还装饰着一大束美丽的花朵。我们通过伦敦的一个关系甚至还买到了一双白色的皮鞋。

婚后我们搬进了一所全新的房子，我把它称之为"阳光之角"。这所房子是汤姆的父母为我们买下的，这在战后的困难时期也是相当不容易的一件事情。经历了在日本人集中营里的漫长岁月之后，我们终于又有了属于自己的房子，那种感觉不仅格外美好，更让人难以置信。我很快交上了许多朋友，甚至还在沃尔萨尔教区学校里找到了一份幼儿教育的工作。汤姆为他父亲工作。父亲大人拥有一家皮革产品生产厂，主要生产皮手提包和旅行皮具。他们生产的猪皮和小牛皮手提包都设计得十分精美，同时还有一些同样精美的小钱包，钱包里还带有一面小镜子，把手提包和钱包搭配在一起使用更是相得益彰。这么多年过去了，我现在还保留着几个当时使用过的手提包。

对我而言，在英格兰定居下来也并非易事——这里的一切都与我熟悉的环境大不相同，尤其是寒冷的天气。我一直忘不了1947年我在那里度过的第一个冬天，那是多年来英格兰少有的寒冷冬季。我们同其他英国人一样，家里使用的也是常见的壁炉，而我连如何生火都不知道。记得我第一次独自生火的时候，用铲子把煤炭铲进了壁炉里，然后拿出火柴想把它们直接点燃，可是怎么也点不着。多亏了我们的邻居玛格丽特前来帮忙，用报纸和木条引火，才点着了炉火。

我一直希望生一个自己的孩子，但是由于日本人在战争期间对我身心的残酷摧残，几次怀孕都无法持续到足月——前后一共三次都流产了。尤其是第三次流产，更是让我伤心欲绝。那一次我怀孕已经坚持到了第四个月，渡过了所谓的"危险时段"，我甚至已经开始为即将到来的孩子编织衣服、寻找可购买的合适婴儿床和婴儿手推车，心里满怀着即将为人之母的喜悦。就在这个时候的一天，我的肚子突然毫无征兆地开始剧痛，我立刻呼喊汤姆，让他赶快叫医生来。我记得我当时一直在祈祷："我主啊，求你了，千万不能再流产啊！我已经怀孕四个月了，我不能再一次失去我的孩子了。"

医生带着一名护士赶来了，但是就在他们到达后不久，我就不得不躺在床上并再一次流产了。我清清楚楚地听见他们把我的孩子扔进了一个桶里，那声音就像一把利刃刺进了我的胸膛。那是我的孩子啊，竟然被他们无情地扔进了桶里！天哪，战争的梦魇难道在战后的和平生活里依然挥之不去吗？我痛不欲生地躺在床上，眼睁睁地看着他们把那只桶拎进了卫生间。我一定要看看我的孩子，至少也要为他施行洗礼。

医生告诉我说："护士知道该怎么做。"他这句用来安慰我的话却极大地刺痛了我的心："亲爱的，好好躺着，平静下来。你还是不看为好，说实话它现在什么也不是。"什么也不是？我的孩子难道就"什么也不是"吗？我无法相信如此残酷的话。我挣扎着爬下床，刚一站起来就感到血液一下子灌满了我的双腿，眼前立刻天旋地转。"给我水，我要给我的孩子施行洗礼。"来到卫生间里，我低头往那只桶里看去，我的孩子还只是不成人形的一团血肉，所以才被当成"什么也不是"而丢弃了。我想触摸它、感受它、抱着它。我流着眼泪却尽量一字一句清楚地对它说道："以圣父、圣子和生灵的名义，我为你洗礼。"

我永远忘不了那次流产给我带来的痛苦，也永远忘不了汤姆脸上痛苦而失落的表情。他和我一样非常想要这个孩子。我们俩只能相拥而泣，什么话也说不出来，就那样紧紧地拥抱着彼此长时间没有分开。这不仅仅是一次流产，而是我们俩的孩子的死亡。我听见护士对我说："亲爱的，别太伤心，还会有下一次机会的。你还年轻，还能怀上其他的孩子。你会渡过这个难关的。"她的话是多么的空洞和苍白啊，就好像我不应该为我失去的孩子伤心流泪，因为这不过是一次流产而已，而流产并不能算做一个鲜活生命的终结。

在那长达四个月的怀孕期间，我一直欣喜地观察着我身体的变化，一直在为生产作准备，而现在突然之间只剩下了空空的肚皮，就好像有人从我身体中强行夺走了我的孩子。我的身体不支，结果导致了我孩子的死亡。那一晚，我找不到一句合适的话做祈祷；我主也不可能还给我已经失去的孩子。对我说来，战争还远远没有结束，日本军人对我的蹂躏和摧残还将继续伤害我的余生。

因为连续三次流产，我不得不接受医生的建议，进行了一次大手术。幸运的是，在那以后我终于先后怀孕并生下了两个漂亮的女儿——艾琳和卡罗尔。艾琳生于1949年9月11日，卡罗尔生于1951年6月4日。我们的生活终于圆满了。

···❉···❉···❉···❉···❉···

我们在英格兰伯明翰附近的沃尔萨尔一直生活了14年。在此期间，塑料发明出来了，并且开始替代皮革产品在市场中的位置。塑料手提包很快成为市场上的新宠，汤姆的父亲不得不卖掉自己的企业。

正是在这种情况下，我们决定移居澳大利亚另谋生路。我们看到了报纸上连篇累牍的各种广告，说是只需要10英镑就能移居澳大利亚！所以，我们就成为了现在人们所说的"10英镑移民"。1960年6月21日，我们一家人搭乘铁行东方航运公司的"斯特拉斯内弗号"远洋班轮移民澳大利亚。这是我一生中又一次带着对未来一无所知的忐忑心情离开自己美丽的家园。我们把全家的物品装进了13个茶叶箱中，而把一屋子崭新的漂亮家具留在了身后。那时，艾琳11岁、卡罗尔9岁。

整个海上航程历时一个月，就好像我们一辈子的时间都花在了这艘班轮上。途中，我们穿过了著名的苏伊士运河。这条运河看起来是那样的狭窄，仿佛你只要伸出手去就能触摸到陆地上行走的人们。我记得一个英国小男孩用手指着岸上一个身穿白色长袍的埃及男人，对他妈妈喊道："妈妈，快看哪，基督在那儿。"船上的晚餐都在餐厅里吃，每顿有四道菜，晚饭后大家都到舞厅里跳舞。我们在船上结识了一些好朋友，我们同他们中一些人的友谊一直延续到了今天。

当"斯特拉斯内弗号"远洋班轮停靠在西澳大利亚的弗里曼特尔[①]码头上的时候，眼前的景色成为了我获得的对澳大

[①] 弗里曼特尔（Fremantle）位于珀斯西南19公里处的天鹅河出海口，建于1892年，是一座历史名城，目前已成为珀斯的卫星城、重要港口和著名观光胜地。

利亚这个国家的第一印象。我们在岸上待了一整天。我首先注意到的是这里蔚蓝色的天空,它是那么的美丽;脚下的野草粗壮而坚韧,同英国草地上柔软的青草截然不同;这里的房子大量使用锡——锡制的屋顶、锡制的栅栏,就连每家花园里的水池也是锡制的——抬眼望去,锡真是无处不在。各家各户的门外横七竖八地牵满了晾衣服用的绳子,晾晒在绳子上衣服被风一吹就像飘扬的彩旗——到处乱飞的苍蝇就更别提了!

我们的目的地城市是阿德莱德。终于到达这座城市之后,我们被人带到了芬斯伯里移民旅社。在那里住了一个星期之后,我们终于见到了哈里斯·斯卡夫百货商店的代表。这个商店就位于阿德莱德城里,在我们离开英格兰之前,汤姆就已经向店主提出了工作申请,希望担任其皮货及旅行商品部的经理。他顺利地得到了这份工作,同时还得到了一所家具齐全的房子。对我们说来,这真是一个非常鼓舞人心的开始。

安顿下来之后,我们所做的第一件事情就是寻找一座天主教教堂以及为艾琳和卡罗尔找到一所学校。我们很幸运,就在金斯伍德离我们家不过步行距离之内的地方既有一座天主教堂又有一所教会办的学校。我还记得那天的情景:我们来到修道院,我上前敲了敲门,一位身着棕色长袍、上了年纪的修女出现在门口,她说她是吉纳维芙修女。她展开双臂热情地欢迎我们的到来，艾琳和卡罗尔很快就办好了入学登记手续，成为这所修道院刚刚开办的圣约瑟夫学校的新生。

在金斯伍德郊区内，我很快就结交了不少的新朋友。当地的母亲俱乐部给我送来了邀请，希望我参加她们举办的午餐会。那是我第一次参加这样的活动，对这里的风俗一无所知，所以当人们告诉我"带一个盘子来"的时候，我就老老实实地带着一只空盘子去了！来到午餐会上，母亲们看到我手里拿着一只空盘子，一个个都乐坏了。真是的，我当时还以为她们那里盘子不够用，得自带盘子，哪里知道这个盘子里必须装上我自己做的食物——准确地说，应该是"带上一盘菜"①。闹出这个笑话以后，我便成为了朋友们始终津津乐道的笑柄。甚至在几十年之后的今天，每当教区举办类似活动的时候，有人就会打趣地提醒我说："扬，别忘了带一个盘子来！"

两年后，汤姆获得了一个新的职位，我们也在金斯伍德买下了自己的房子，就在教区教堂鲁尔德圣母教堂和圣约瑟夫学校的附近。我先后在附近几所天主教学校里教过书，但是最后10年的教学生涯是在我家所在教区的圣约瑟夫学校里度过的。记得有一次，我班里一个小学生的母亲告诉我说，她的女儿已经完全习惯了带有荷兰口音的老师讲话，甚至回

---

①英文"plate"一词同时具有"盘子"和"一盘菜"之意，所以作者才会把"bring a plate"理解为"带一个盘子来"。

到家里玩洋娃娃"上学"游戏的时候，竟然也总是模仿荷兰口音讲话。

在我的家里，音乐总是不绝于耳：钢琴、吉他、单簧管和长笛的声音常常是此起彼伏。我们一家人各自都会至少一种乐器。汤姆不仅单簧管吹得很棒，而且是一个全能的音乐家。他非常热衷于歌舞剧，后来同阿德莱德剧院结下了不解之缘，多年担任该剧院的音乐指导并担任了南澳大利亚吉尔伯特和沙利文歌剧公司的音乐指挥，参与了该剧院所有剧目的演出，后来又与大都会轻歌剧公司合作，指挥演出了许多音乐剧和轻歌剧，其中包括《南太平洋》、《蓬岛仙舞》、《甜心》、《真爱永存》、《风流寡妇》、《不，不，南内特》、《珍妮的遭遇》、《飞燕金枪》、《睡衣仙舞》、《丽奥·丽塔》、《万事皆可》和《沙漠之歌》，等等。汤姆最喜欢的是《南太平洋》，他曾经多次指挥过这个剧目的演出。

我们从来都没有为移居澳大利亚感到过后悔。这个国家对我们不薄，我结交的新朋友也很多，尤其是在教堂活动和在教区学校教书过程中结交的朋友最多。

艾琳和卡罗尔姐妹俩都在梅赛德斯中学读完了高中，艾琳进入商学院继续深造，卡罗尔则成为南澳大利亚艺术学院的学生。大学毕业之后，姐妹俩在一年之内先后结婚。女儿们离开后，我们的家突然之间变得空荡而安静了，不过随着几个外孙和外孙女——艾玛、贾德和露比——的陆续到来，我们的生活又充满了新的乐趣。

我很清楚，生活在远离荷兰的澳大利亚，没有任何人知道我深藏在心中的秘密，这使我感到安全。因为在我的内心深处，依然埋藏着身为一名战争中的强奸受害者的奇耻大辱。

就在1975年那一年，我们的生活突然发生了彻底的改变。那是一个美好的夏日，一切看起来无异于往日。汤姆一直在捣鼓他那辆"霍顿牌"汽车。时值中午的时候，我想知道他的活儿干得怎样了，于是带着一杯冷饮去看了看他。"我得到霍顿汽修厂买一个新零件。"汤姆一边说一边用毛巾擦去手上的油污，然后接过我带去的冷饮。汽修厂离我家很近，几步路就到。汤姆告诉我说："用不了多少时间的。"

整整一个小时过去了，汤姆还是没有回家来，我开始感到担心了。我给阿德莱德皇家医院打了个电话，他们告诉我说一名中年男子刚刚被救护车送进了他们的医院。由于他身上没有任何身份证件，所以他们还不知道他是谁。汤姆当时穿的是他那套旧的园艺工作服，根据医生的描述，我立刻意识到是汤姆出事了。我又立刻给霍顿汽修厂打了个电话，他们说刚才在十字路口确实发生了一个车祸，一位中年男人在过马路的时候被汽车撞倒了。

我的心一下子就悬了起来，于是我立刻赶往阿德莱德皇家医院。在医院的重症监护室里我见到了汤姆，他的情况很危急，一直处于昏迷之中，全身上下插满了各种管子。在车祸中他的头部遭受了严重的创伤，下巴也被撞碎了，整个头都裹满了纱布和绷带，连嘴也无法张开，只能依靠打点滴维持生命。医生告诉我说，他必须立即接受手术，否则性命难保。他们要我在一份同意手术的文件上签字，然后才能进行手术。手术后，我每天都到医院里看望汤姆，几个小时呆呆地坐在他的病床旁。几个月过去了，汤姆终于恢复了知觉，睁开了眼睛。他用眼睛看着我，我心里顿时充满了希望。然而，他并没有认出我来；他既不知道我是谁，也不知道他身在何处，更不知道发生在他身上的事情。他对一切人和事都没有反应。难道说，这就是我亲爱的汤姆吗？

医生非常明确地告诉我，汤姆的大脑受到了严重的损伤，很可能永远也不可能完全康复了，甚至连恢复记忆也希望渺茫。经过了很长一段时间的住院治疗后，汤姆终于出院了。医生们告诉我，最好把汤姆送进一所康复之家，否则我一个人在家里照料他会非常困难。我坚决地拒绝了。我认为，如果把汤姆送进康复之家，他的记忆就永远无法恢复了。所以，我把汤姆带回了家，心里依然希望他有一天能够多少恢复一些记忆和认知能力。回到家里，他也不认识这个家了，他的汽车、他的家人和家中的一切都不认识了。

从医院坐车回家并不远，但是汤姆却显得很劳累，于是我立刻让他在床上躺下来。我坐在他的身边，抚摸他的头、握着他的手、在他耳边说着亲昵的话，他依然呆若木鸡地躺在床上，两眼露出呆滞的目光。看到他这个样子，我禁不住泪流满面，脑海里又涌现出往昔的记忆；我又看到了那个英俊、温柔而含情脉脉的汤姆站在我的面前，那个充满了活力、精明强干、雄心勃勃而又热爱家庭的男人。"汤姆，汤姆!"我哭喊道，"求求你，回到我的生活中来!"

照顾汤姆确实很艰难。他的生活完全无法自理，不会穿衣服也不会刮胡子；他不会大小便也不会吃饭；他连自己的名字也不会写——总之什么都不会。他脑部的创伤也大大地改变了他的个性，这一点是我最难应付的。我现在就等于同一个孩子一起生活，而不再是一个体贴的丈夫。从现在起，我不得不承担起整个家的责任，独自思考和处理生活中的一切大小事务。我不得不非常耐心地对待汤姆。当初嫁给他的时候就发誓要同甘共苦，我已经享受过了甘甜，现在要战胜痛苦。

漫长的五年过去之后，汤姆终于慢慢地恢复了记忆，这全靠了我给予他的爱，靠着反复给他看我们的照片和他熟悉的各种东西。虽然他已经再也不能重新工作，但是至少现在他已经可以为自己做一些事情了。

而最为重要的是，他又能够享受外孙们给他带来的欢乐了。艾玛和贾德在学校放假时总是和我们待在一起，汤姆成为了他们最完美的玩伴，后来卡罗尔生下了自己的孩子露比之后，汤姆外公也是她的最爱。汤姆非常爱这几个外孙和外孙女。有一次我对艾玛说："我很希望你能见到出车祸之前的外公。"不料艾玛却立刻深情地为自己的外公辩护说："我就喜欢现在的外公。他是个了不起的外公。"

在整整20年的时间里，我一直精心照料着我的汤姆，直到1995年癌症夺去了他的生命。那是5月10日凌晨1点15分，医院给艾琳打去了电话，告诉她汤姆去世的消息并要她转告她的母亲。

艾琳和她的家人立即驱车来到了我的家里，我们两家住得并不远。后来，艾琳曾经告诉过我她在来的路上的感受：她望着车窗外漆黑的夜空，突然之间微笑起来了，她感觉到父亲的精神好像一下子注入了她的身体，她清晰地看到了他欣然微笑的面孔。她感到很欣慰，因为她知道父亲现在很幸福——他一生吃了不少的苦，死亡对他而言是一种福气。

有一件事情在艾琳、卡罗尔、艾玛、贾德和露比的心中始终记忆犹新：他们的父亲和外公在他们睡觉前都会亲吻他们，说完晚安之后还会用大拇指在他们的额前画上一个小小的十字。

就在汤姆去世之前我们去医院里看他的最后那一次，艾琳目睹了贾德在外公的额前也画上了一个小小的十字。

在为汤姆举行的葬礼弥撒上，我们教区的风琴演奏师迈克尔·威廉姆斯演奏了汤姆最喜欢的音乐剧《南太平洋》中的歌曲《爱情胜过春日》。听到这首歌，艾琳和卡罗尔都泣不成声，但是这首歌却非常适合热爱剧院和音乐的汤姆。我们把汤姆的单簧管放到了祭台上。那天本来是一个阴天，但是就在这个时候一缕金色的阳光透过教堂的彩色玻璃照下来，直接照到了祭台上汤姆的那把单簧管上，真的是神奇无比。在场的每个人都深为感动，也使汤姆与我们的心贴得更近了。这场葬礼弥撒是对汤姆一生最好的赞美。葬礼之后，我的家人和朋友们来到家中，一起为我可爱的汤姆祝福。

1945年，汤姆和我在卡拉玛特集中营。

1946年1月11日,我们乘船离开了爪哇。我和芬站在人群的左边。

1946年,我们一家人终于在阿姆斯特丹团聚了。从左至右:我、父亲、母亲、艾莉娜;塞莱丝特和芬站在前排。

汤姆·鲁夫，1945年摄于爪哇巴达维亚（今雅加达）。

1946年8月14日,我和汤姆在英格兰沃尔萨尔的圣玛丽天主教堂举行了婚礼。

汤姆、我和我们的大女儿艾琳,1949年9月。

1952年，我们一家人在布里德灵顿海边。

1954年，我和两个女儿卡罗尔和艾琳在布里德灵顿海边。

1980年，一家人在南澳大利亚的阿德莱德。从左至右：艾琳、艾玛、汤姆、我、贾德（怀抱中）和卡罗尔。（摄影：加里·米顿）

1982年，同女儿卡罗尔一起在悉尼参加国际妇女节游行（摄影：卢斯·麦迪逊）。

1993年，印度尼西亚三宝垄市：寻找"七海屋"遗址。（摄影：卡罗尔·鲁夫）

1992年12月，参加东京国际公开听证会的几位证人，她们都是分别来自朝鲜、韩国、中国和菲律宾的原"慰安妇"。我站在最右边。（摄影：卡罗尔·鲁夫）

1992年12月11日，东京：在无名士兵纪念碑前，我和日本二战老兵在一起。（摄影：卡罗尔·鲁夫）

2007年，同来自韩国的原"慰安妇"吉元玉、中国台湾的黄吴秀妹（我左侧）和"澳大利亚慰安妇之友"组织的宋安娜（我右侧）一起参加悉尼国际妇女节游行。

1993年8月，我们三姐妹在荷兰团聚。从左至右：塞莱丝特、我和芬。（摄影：卡罗尔·鲁夫）

同我的家人在一起。从左至右：卡罗尔、艾玛、贾德、艾琳、加里、我和露比。拍照的是卡罗尔的丈夫格雷格。当时，艾玛的丈夫马特也已经成为我们的家庭成员之一了。

在我手中展示的这张手绢上，中间写着"26-2-44"（1944年2月26日）字样，周围是"七海屋"几个姑娘的签名。后来我用针线把这些签名绣在了这张手绢上。

我和汤姆订婚的时候,朋友们在我的折扇上写下了他们的名字作为纪念。这些用铅笔写下的名字已经模糊不清,但还能看得见。它们是:汤姆、罗夫蒂、山姆、莱斯、尼克、阿尔夫和西里尔……我很想知道,折扇上的这些二战老兵们后来的生活还好吗?他们中还有哪些人现在依然在世?

2008年摄于阿德莱德家中。身后墙上的那幅画画的是我年轻时的模样。

第六章 打破沉默

多年来，我有好多次都想把自己在第二次世界大战中的那一段真实经历告诉我的两个女儿。我记得，有一次我和卡罗尔坐在一起看电视，内容是80年代初期的一次"澳新军团日"①大游行。一群女权主义者加入到了那次游行之中，"搅

---

① 每年4月25日是澳大利亚和新西兰的"澳新军团日"（Anzac Day，旧译"澳纽军团"），这一天也是两国的法定节日。最初设立该节日是为了纪念在1915年第一次世界大战中的加里波利战役中死去的两国将士，后来扩大为纪念一战和二战中死去的两国战士。

1915年，由澳大利亚和新西兰军队组成的"澳新军团"在土耳其爱琴海湾的加里波利登陆，但是由于导航错误致使实际登陆地点比原定地点向北偏离了一英里。因此，原来适合登陆的海滩和缓坡地形变成了悬崖峭壁，使得在数量上占劣势的土耳其军队占有了十分有利的防御位置。"澳新军团"在多次尝试之后，意识到进攻已经没有可能，终于在历经八个月的僵持后撤退，留下了上万阵亡将士。

虽然在这次战役中"澳新军团"惨遭败绩，但是澳、新两国在世界反法西斯战争中还是作出了很大的贡献。二战期间，他们在欧洲战场和太平洋战场都重创过德国和日本军队。

乱"了通常是男性一统天下的游行队伍。

那些妇女是要向人们提出一个自己的主张：她们要为那些在战争中遭受奸淫的妇女们伸张正义和公道。当看到她们被强行从游行队伍中带走时，我内心里却在呼喊："她们是对的！这是事实，人们有权知道这一切！"

妇女为什么总是在战争中成为无辜的牺牲品？我们经常都会听到这样一些话：她们只是女人而已，战争中这种事情自然会发生在她们头上。听听，强奸好像天生就是战争的一部分，好像战争使强奸变成了合理合法的事情。战争中发生的强奸是一种权利游戏，被当权者当成了慰劳士兵的奖品。不仅如此，强奸还被当成一种武器来使用，成为种族灭绝的工具。这种行为是对人权的极大犯罪。

我曾经无数次问过我自己：我是否能够鼓起勇气，把我的秘密公之于众，向全世界讲述日本人强奸我的罪恶行径？我始终有一种感觉：我的一生都在等待一个合适的时机，等这个时机到来的时候我就会把一切都告诉我的两个女儿。然而，我的秘密一直埋藏得很深，多年来竟然没有露出一丁点儿破绽。

无论是在我生日来临的时候或者其他特殊的日子里，我总是告诉两个女儿说："你们干什么都行，就是不许给我带鲜花来！"她们哪里想得到深深隐藏在这后面的那一个痛彻心扉的原因。她们根本不知道，在我的脑海中鲜花始终同"七海屋"妓院里我度过的那第一个恐怖的夜晚紧密相连，就在"七海屋"接待室的公告板上赫然钉着日本人强加给我的那个鲜花的名字。

有许多次，当我身体不适的时候，女儿们总是说："妈妈，你干嘛不愿意去看看医生啊？"我总是回答她们说："我的身体强壮如牛，不需要医生。"她们怎么可能理解其中的缘由？我女儿艾琳曾经一次又一次地问我："妈妈，你为什么总是呆呆地望着某处发愣啊？"我总是告诉她说："我不过是在思考一些问题而已。"那个时候，我还不可能告诉她真相。

有一件偶然的事情在我的脑海里留下了非常深刻的印象。事情发生在悉尼，当时我住在卡罗尔的家里。那一天，我和卡罗尔带着她的小女儿露比在邦代海滩上散步。露比那时两岁，是一个典型的欧洲小美人坯子——长着一头浓密的金色卷发和一双大大的蓝眼睛。当我们正推着婴儿车沿着海滩步道散步的时候，一辆常见的旅游大巴车来到了海滩上，从车上走下来一群上了年纪的日本游客，一个个胸前挂着昂贵的照相机和摄像机。看看他们的模样，我发现他们中的许多人在第二次世界大战时期应该正好是当兵的年龄。

其中的一个日本人向我们走来，他比划着表示想要抱着露比照一张相。我当时的第一个强烈的反应就是抱起露比远远地离开，但是我做不到，反而礼貌地微笑着满足了他的要求。卡罗尔立刻注意到了我的表情，问道："妈妈，出什么事了?"我笑了笑,无奈地摇了摇头。就这样,我失去了又一个说出真相的恰当时机。

带着曾经被日本人蹂躏的可怕秘密生活,始终是压在我心头的一块巨大而沉重的石头。没有人能够想象这种生活意味着什么:你埋藏在内心深处的这个秘密是如此可怕,以至于你时时刻刻都渴望着能够向人们倾诉自己的心声,但是却又不敢一吐为快,因为这个秘密无疑是一个奇耻大辱。对他人而言,他们也没有必须知道这个秘密的必要,所以你只能终生背负着这一沉重的负担,并且提心吊胆地度过每一天,唯恐有朝一日这个可怕的秘密会不胫而走。

在过去漫长的50年时间里,我无数次想要大声疾呼、讲出我的故事,但是都由于可想而知的原因而一次次缄口不言。我不能同任何一个人谈及此事,甚至连我自己的家人也不敢吐露半个字。其他的"慰安妇"也面临着同样的痛苦境遇。对我而言,夜晚的黑暗就意味着那一段暗无天日的苦难岁月,50年来我度过了一个又一个辗转反侧而又噩梦连连的夜晚。50年的耻辱和煎熬永远也无法磨灭,恐怖的记忆深植在大脑的每一个细胞之中,时时刻刻都会突然被唤醒。我无法同人们讨论这个问题,甚至同我亲爱的汤姆也不能。自从那次在巴达维亚我向他倾诉我的遭遇之后,我们俩就把这个秘密深深地埋藏在了心底,在我们的整个婚姻生活中再也没有提及一次。

在整个1992年上半年，电视里不断出现了有关韩国"慰安妇"悲惨遭遇的讨论，每次看到她们哭泣着要求伸张正义，我就感动得泪流满面，就感到心窝里一阵阵的疼痛。我很想走到她们面前，伸出双臂拥抱她们、亲吻她们；我很想同她们勇敢地站在一起。

一切就这样开始了。我内心不断涌起一个越来越强烈的愿望：我必须同那些同样饱受日本人摧残的女人们站在一起，必须站出来支持她们的正义行动。我真切地感受到50年来埋藏在心底的那个黑暗故事现在可以讲出来了。那些韩国"慰安妇"的大无畏精神给了我勇气，我感到经过漫长的痛苦等待之后，我的故事终于应该可以讲出来了。

当我在电视上收看韩国"慰安妇"的故事的时候，我一直在想：日本人竟然把那些被他们残酷蹂躏的可怜妇女称为"慰安妇"，天理何在！"慰安妇"这一委婉的称呼是对我们受害人的极大侮辱，我对媒体依然在继续使用这个说法感到非常遗憾。我们绝不是什么"慰安妇"！"慰安"一词代表着温暖、柔情、安全和友好，是温柔和安慰之意。我们是战争中强奸罪行的受害者，是被日本帝国陆军强征为性奴的牺牲品，何来"慰安"之有！

韩国第一位大胆站出来申诉的所谓"慰安妇"名叫金学顺，她是在自己的家人全部离世，因而不再有家人蒙羞受辱之忧之后，才决定站出来要求日本政府道歉并进行赔偿的。

235

在她勇敢行为的鼓励下,其他"慰安妇"也陆续站了出来,同金学顺一起对日本提出了法律诉讼。

直到这个时候,日本政府甚至也拒不承认"慰安妇"这一铁的事实,更不用说公开道歉了。他们不仅对这一问题采取了完全漠视的态度,甚至公然否认第二次世界大战期间日本曾经把数千名各国妇女强迫送进他们设立的专门妓院里,以满足日本军人的兽欲。我清楚地看到了这样一个事实:亚洲的"慰安妇"需要得到欧洲妇女的支持。日本人的丑行也曾经危害过许多荷兰的姑娘,如果一位欧洲妇女能够站出来,也许会更引起日本政府的注意。

发生在波斯尼亚的战争已经证明,这个世界并没有改变。妇女们再次成为了战争中强奸罪行的受害者,就好像这就是战争的必然产物,好像战争可以使强奸合法化。有些人总是千方百计淡化这样的罪行,说什么:"男人就是这样。这在战争中很常见。他们鼓励士兵们这样干。"

我已经看到了战争中的强奸罪行并非仅仅发生在50年前。我必须站出来,把我的故事讲述给世人听,希望以此有助于阻止类似暴行的继续发生。我们必须把战争中的强奸行为视为一种战争罪行。当这样的感受和想法在心中越来越强烈时,我决定在爪哇向日本军队投降50周年那天,到阿德莱德战争纪念碑前献上一个花圈。那是1992年3月8日,星期天。

我通过我们当地的《信使报》和阿德莱德的《广告报》

刊发了一则告示，邀请人们同我一起参加这个纪念活动，尤其是那些在第二次世界大战中曾经被日本人关押在爪哇集中营里的难友们。与此同时，我还邀请了一些日本人站在我的身旁，以此作为谅解和和平的象征。那一天，我的心中再也感受不到愤怒和痛苦，没有对日本人民的仇恨。我相信，只有通过宽恕才能找到治愈伤痛的良药。

就在那个星期天，我把一个花圈敬献到了阿德莱德战争纪念碑前。这是我对那些曾经在日本人的野蛮统治下饱受屈辱和痛苦、却一直不为人们所知的妇女们的深切悼念。就在那一刻，那些和我一起在集中营里苦苦挣扎的女人和孩子们的脸，都活生生地在我的脑海里闪现。在那个可怕的岁月里，这些女人们都遭受了无数次恐怖、侮辱、暴虐、强奸和饥饿的折磨，今天我要为她们的勇敢、苦难和坚忍不拔的精神致以崇高的敬意，为在日本人的集中营里死去的成千上万的妇女和儿童致以深切的哀悼。我再次看到了这些勇敢女人们善良的脸庞，她们的故事却永远也没有人能够知晓。她们没能戴着荣耀的勋章走出战争，而是带着满身心难以愈合的创伤走出了集中营。

看着我亲手摆放在战争纪念碑前台阶上的花圈，它好像在激励着我讲出更多的故事，尤其是那个我一直难以启齿的故事，那个在第二次世界大战中日本人粗暴践踏人权诸多行径之一的奇耻大辱的故事。我知道，经过50年的沉默之后，现在我必须向人们讲出这个故事。但是我该在什么时候、以什么方式讲述这个故事呢？我还不得而知。

❄ ❄ ❄ ❄ ❄

到了那年秋天，也就是1992年10月，我突然收到了多·胡伊斯曼女士从荷兰寄来的一封信。多·胡伊斯曼是我们家在爪哇集中营里的难友，当我们10个姑娘被日本人挑选出来并强行带走的时候，她就同其他的母亲一起站在队列里，亲眼目睹了整个事件，所以她对我在战争中所遭受的苦难是非常清楚的。战争结束之后，她成为位于荷兰海牙的"日本道义债务基金会"的秘书。

她的来信是这样开头的：

亲爱的燕妮：
我代表"日本道义债务基金会"给你写这封信。我想知道，你是否愿意作为证人……

当时，多·胡伊斯曼女士正在为即将在日本东京举办的国际听证会寻找一位证人，以便对日本人在第二次世界大战中犯下的战争罪行和战后赔偿问题提供证词。我立刻意识到，我讲出真相的机会到来了。

这个听证会计划于1992年12月9日至10日在东京召开，除了荷兰的"日本道义债务基金会"之外，它还得到了日本律师联合会和总部设在东京的几个人权公民团体的支持。

我想成为这个证人，但是这就意味着我必须把自己深深埋藏在心中长达50年的故事告诉我的女儿、外孙和外孙女，我的亲戚、朋友和教区里的全部教友。要作出这样一个重大的决定，对我实在是太难了。

身为一个母亲和外祖母，我该如何启齿把我在第二次世界大战期间被日本军人有组织地反复强奸和殴打长达三个月之久的故事告诉自己的女儿和外孙们？他们听到这个恐怖的故事之后，又将如何应对这个晴天霹雳？我感到了恐惧。

思来想去，我最后决定以书信的形式向我的女儿们公开自己这个可怕的秘密，我要把这个故事写在一个笔记本里，让她们自己独自静静地去看。也许，这个方法对我对她们都相对容易，但是我仍然无法摆脱强烈的耻辱感的折磨，我还没有足够的勇气面对面地把这个故事讲给她们听。

我花了整整一周的时间把日本人对我犯下的暴行写了下来。在这个过程中，痛苦的回忆曾经多次让我心碎欲裂，不得不停下笔等待心情的平复。

9月的一天上午，我坐上出租车赶到了阿德莱德飞机场，去见我的小女儿卡罗尔。她正为自己的下一次画展作准备，要到澳大利亚中部的艾丽斯斯普林斯去作画，途中经过阿德京之行的全过程。这将成为后来的纪录片《沉默50年》最早的影像资料。

至此，我还没有把我即将前往日本的消息告诉我所在的金斯伍德教区里的任何一个人。我仍然天真地以为，我可以悄悄地溜出去一个星期，没有人会发现我的消失。汤姆虽然并不完全明白我要去哪里以及为什么要去，但是他依然祝福我一路顺利。艾琳也向我保证说，我去日本期间她会精心地照料她父亲的生活。

我们订好了日本航空公司飞往东京航班的机票。然而，登上飞机之后，当音响系统里突然传出一个日本男人说话的声音时，我的整个身体仍然禁不住一阵颤抖。虽然已经过去了50年，但是心中的恐惧依然像当年那样强烈。卡罗尔立刻注意到了我的情绪变化，握了握我的手鼓励我说："妈妈，你必须习惯这种声音，很快你的周围就会到处都是日本人。"我望着悬挂在机舱里的电视显示屏，眼见着卫星地图上的澳大利亚正渐渐远去，而日本正慢慢地靠近，我知道自己马上就要进入一个日本人的世界了。我感到恐惧。

12月6日，我们抵达了东京。我们乘坐火车从机场前往市内，车厢内拥挤不堪，两个小时的车程简直有如一场噩梦。到达我们的旅馆时天色已晚，我们都感到非常疲惫。旅馆里的餐厅已经停止营业，我们不得不外出吃晚饭，在东京的这一老城区狭窄的后街里四处寻找餐馆。最后，我们总算找到了一家仍在营业的小餐馆。

我们一行共五个人：我、卡罗尔、她丈夫内德和两位来自荷兰"日本道义债务基金会"的代表。这两位代表中，一位是美国律师拉塞尔·亨特利，另一位是荷兰律师杰拉德·容施拉格。杰拉德本人也是一位日本人集中营里的幸存者，在后来的整个东京听证会期间，他就像一位守护天使时刻细心地照料着我。

我们在小餐馆里坐下来，卡罗尔坐在我的身边，大家一起看着菜谱。我不经意地抬起头，正好看到了这个小餐馆的老板——一个肥头大耳、长相龌龊的日本男人，他斜靠在厨房的门柱上，一双眼睛正上下打量着我的身体。那种眼神我太熟悉不过了，在"七海屋"妓院里我曾经无数次看到过这种眼神。再次看到这种眼神让我不寒而栗，我惊呆了。卡罗尔也看到了这个男人和他看着我的那种淫荡的眼神，并感觉到了我的感受，立即对我说道："走吧，妈妈，我们离开这个地方。"这个不期而遇的小小事件，却再一次揭开了我内心深处的伤疤，尽管许多年已经过去了，但是我内心的创伤依然没有愈合。

在国际公开听证会举行的前一天晚上，主办方为所有参会人员举办了一个招待会。就在这个闷热而拥挤的招待会上，我终于第一次见到了几位亚洲的"慰安妇"，第二天我将同她们一起在听证会上作证。

虽然我们彼此语言不通，无法直接交谈，但是一看到她们我就禁不住走上前去，同她们一一拥抱在一起。在她们中间，一位来自中国的"慰安妇"引起了我的特别注意：她穿着一身黑色的衣服——黑色的长裤和黑色的中式上衣，看上去她是那么的脆弱和瘦小，脸上布满了长期苦难生活留下的深深皱纹，但是那一双眼睛却依然明亮，闪烁着坚毅的战斗精神。我向她走去，我们相拥而泣，就在那一瞬间，我突然觉得我这一生的苦难都在这个瘦小女人的臂弯里消融了。我们拥抱了很长的时间，那是我非常珍视的一刻。

同样是在那天晚上，我也认识了许多友好的普通日本人。他们纷纷向我表达了同情和支持，还送给我许多礼物。他们的表现给我留下了一个印象：日本年轻一代希望为他们父辈犯下的罪孽做出补偿。我很快就意识到，在东京接下来的这一个星期里我的情绪将始终难以平静，但是尽管如此，这一趟东京之旅将是值得的，也将有利于我内心创伤的修复。

国际公开听证会定于1992年12月9日——也就是第二天——在东京的神田区召开。在听证会之前，我接受了一家日本电视台一个黄金时段时政节目的采访，这次采访也成为我有生以来第一次在公开场合讲述我的故事。当我看到那位年轻的采访女记者流下眼泪的时候，我意识到他们这一代日本年轻人非常希望了解真相。

在第一天的听证会上，从下午两点至晚上八点，来自韩国、中国大陆、中国台湾、菲律宾和来自荷属东印度群岛的我等所谓"慰安妇"先后上台作证。来自中国、韩国和库页岛的强迫性劳役受害者也一一作证，讲述了他们难以言表的苦难经历，此外，来自新加坡樟宜战俘集中营和其他集中营的受害者也出席了听证会。整个会议大厅里座无虚席，来自世界各国的众多文字记者和摄影记者对听证会进行了详尽的报道。这次听证会也是第一次让整个世界的人民了解到了日本人在第二次世界大战中所犯下的滔天罪行。

我非常认真地倾听了前三位"慰安妇"的证言，她们讲述了自己亲身遭受的耻辱、折磨、苦难和迫害，那些可怕的故事一次又一次地在我心中激起了强烈的共鸣和同情；她们每个人的经历都有所不同，一些人被日本人蒙骗或诱拐而落入了火坑，另一些人则是被日本人强征进日军强奸营——所谓的"慰安所"——而成为性奴的。在日本人的淫威下，当年那些年轻的姑娘们不得不每天忍受20个到50个日本兵的残暴奸淫。她们还常常遭到日本人的毒打，一旦怀孕就被强迫堕胎，有的还被强迫注射消毒药物。毋庸置疑，这些都是有历史记载以来最为残忍的大规模强奸妇女的暴行。现在，这些已经上了年纪的妇女们却勇敢地站出来作证，正是为了防止这样的战争罪行重演。在她们作证的整个过程中，会议厅里许多听众都忍不住流下了热泪。

其中一位上台作证的"慰安妇"是一个小个子的中国女

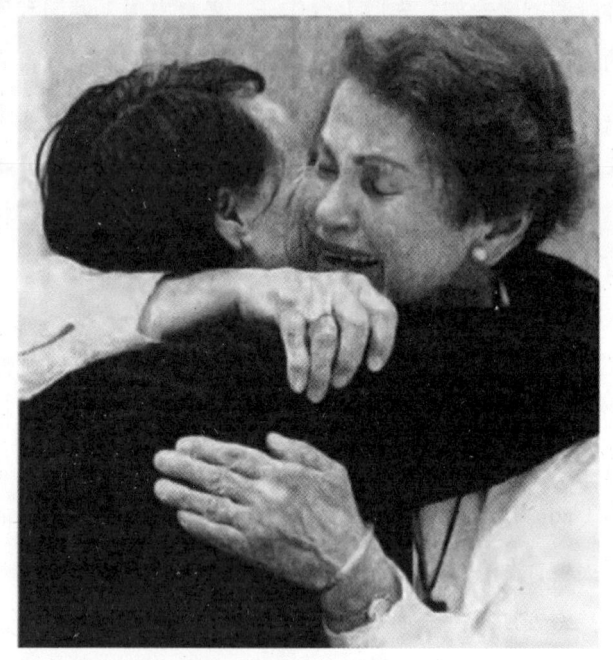

同来自中国的"慰安妇"万爱花相拥而泣。1992年12月。

人,她正是前一天我拥抱过的那位妇女。她声泪俱下地讲述了日本军人对她犯下的野蛮罪行,而讲述的过程中却因过分悲痛而突然仰面倒下,昏倒在了讲台上。人们立刻把红色的幕布拉上,一名医生赶上台去对她进行救治。整个会议大厅一片哗然,而我就是下一个要作证的证人。当我上台作证的时候,我心里竟然十分平静,既没有紧张也没有失控,只是径直地走到讲台的中央，去向全世界说出那个在心底埋藏了50年的秘密。

在卡罗尔和杰拉德一左一右的陪同下，我坐在证人席前提供了我的证言。一开始我就向所有日本人民声明：我并不是带着愤怒和仇恨来这里作证的，而是带着宽恕的态度来的。我认为，这才是触动日本人民内心的正确方式。在结束作证的时候，我诚心诚意地大声说道："我已经宽恕了那些曾经折磨过我的日本人，但是我永远也不会忘记他们犯下的罪行。"就在那天的晚些时候，一名日本人权律师找到了我，对我说道："我不理解，你为什么要宽恕他们？"他认为宽恕他们的罪恶无益于我们的正当事业。

在我之后作证的是韩国妇女。她们的人数超出了20个，所有人都穿着传统的黑色丧服。其中一人上台作证之后，一位朝鲜妇女走到了证人席前。她的身上也穿着类似的丧服，只是颜色是米黄色。她讲述了日本人对她进行的非人折磨和苦难经历，她的故事尤其让人心碎。当她在台上作证的时候，那些来自韩国的妇女一个个不由自主地向台前靠近，慢慢的，她们聚集到了讲台前，最后她们再也抑制不住内心激动的情绪，一起爬上了主席台，把朝鲜妇女围在中间，同她紧紧地拥抱在一起。一位韩国妇女哭喊道："我们身在南方，从来都不知道我们北方的姐妹们也遭受了同样的苦难。"

朝鲜和韩国虽然一直处在对立的状态下，但是在这里、在这个舞台上，来自南北两方的妇女们却拥抱着团结，共同的悲愤和痛苦使她们走到了一起。在工作人员的引导下，这些韩国妇女才哭泣着离开了主席台。其中一位妇女在离开时突然停住了脚步，对着会场里的人群痛苦地大声喊道："为什么朝鲜妇女遭受了如此恐怖的暴行？为什么你们要把我们鲜花一样美丽的青春揉碎？……你们竟然一直不承认我们的存在！"

听证会期间，内德一直和其他记者一起待在大厅的后面，把我和其他妇女作证的整个过程都拍摄了下来。听证会一结束，记者和摄影师们便蜂拥而上，纷纷要求对我进行专访，以便把我的故事尽快传回他们各自总部的编辑。内德在大厅里遇到了一位来自澳大利亚的年轻同行，他是澳大利亚广播公司"七点半报道"节目的记者，正在采写一篇关于"慰安妇"问题的专题报道。所以，听证会刚刚结束他就来到我的面前，希望对我进行采访。在陌生的日本突然之间听到来自澳大利亚的乡音，那种感觉真好，我愿意向家乡人倾诉我的心声。

所以，我毫不犹豫地接受了他的采访请求，然后请他告诉我这次采访的新闻计划在什么时候播出。他回答说："明天就播出。"这时，我才突然意识到，当我几天后在阿德莱德走下飞机的时候，我家乡整个教区的人以及我的所有朋友都将知道我在第二次世界大战中的经历。他们将会作何反应？他们将如何看待我这个人？想当年战争刚刚结束的时候，那些同样被囚禁在集中营里的我们自己的同胞们都曾经对我横加指责、妄下结论，他们鄙视我、把我叫做娼妓。一想到此，我就感到害怕，不由得对回家充满了恐惧。

听证会那天，我们很晚才回到东京的旅馆里。日本的旅馆客房里都提供和服和拖鞋，所以我和卡罗尔当晚便穿着旅馆里的和服一起躺在床上观看电视上播出的新闻，由一名日本记者采录的白天听证会的报道出现在了电视屏幕上。

在这则报道中，记者还提供了我们一家人在爪哇拍下的照片——我的母亲、父亲以及我祖父在班多恩干的那所漂亮的大房子。在日本最大的时政节目中看到自己亲爱的家人和自己业已遥远而美好的童年生活，心中那种奇怪的感受真是无以言表。那些原本属于我私生活的一个个片段，现在却成为历史的一部分，我禁不住痛哭流涕。那一晚，我始终没能入睡，我的大脑和内心都充满了痛苦和苦难的回忆。

第二天，也就是12月10日，"战争与人权研讨会"在东京召开。在研讨会期间，吉拉德递给了我一份传真——一份荷兰当日报纸的剪报。报纸的头版上并排刊载着两个故事，一个是我的，另一个是艾伦·范·德·普勒格的。艾伦是我在三宝垄上高中时的同学，也曾经被日本人强征为"慰安妇"，她现在也勇敢地站了出来。

看到这个剪报我非常高兴，并立刻把这个好消息告诉了参加研讨会的所有人。我对他们说:"你们知道接下来将会发生什么事情吗?我相信,她们现在都将勇敢地站出来,想一想我们的力量将会变得多么强大!"也就是在这个时候,我强烈地感觉到自己是多么渴望再次回到荷兰去,去找到那些经历过和我相同苦难的姑娘们——那些曾经被日本军方强征为性奴的受害者。

许多和平团体也参加了这个"战争与人权研讨会"。在会议休息期间,"原子弹受害者——广岛幸存者"组织的一些妇女来到我的面前,她们一一同我拥抱,并且告诉我说:"现在我们知道了,我们并不是唯一的受害者。"

看到这些妇女,我感受到了心灵上的一种抚慰和平静。她们送给我一些礼物和明信片,我回赠她们一些印有澳大利亚野花的手绢——那是我离开澳大利亚前专门为类似的活动而准备的。

12月11日,我们一行人来到了日本国会。在日本首相办公室,我们见到了日本外务省亚洲局局长谷野作太郎先生,我再一次利用这个机会讲述了我的故事并表达了自己对这一历史问题的关切。看得出来,谷野作太郎先生被我的故事所感动,他承诺将把我们的意见转达给首相宫泽喜一。

对我个人而言,东京之行的高潮是在访日行程的最后到来的。我这次到日本来,带来的不是仇恨,而是要向日本人民表明我心中的宽恕态度。来日本之前,我就在卡罗尔的帮助下用澳大利亚的野花制作了一个"宽恕花环",我们是带着这个花环一路来到日本的。我决定把这个花环带到东京一个美丽而宁静的公园里,放到千鸟渊一个无名士兵的纪念碑前。

在这次公开听证会上,我曾经发出过一项倡议:邀请人们和我一起参与这个活动,所以那天许多各种各样的人都来到了活动现场。在人群中就包括荷兰驻日本大使,以及人权组织、和平组织和环境保护组织的诸多人士。除了这些人之外,还有满满一辆大巴车的原日本二战老兵,他们都是一个世界和平组织的成员。我再一次意识到,过去在战争中犯下的罪行同样沉甸甸地折磨着他们许多人的心灵。

我们的翻译惠子告诉我说:"这些人都是二战老兵,他们都抱有一个信念:决不再战。"他们纷纷向我表示欢迎,送给我鲜花、图书和其他礼物作为纪念。我同他们一一握手致意,心情格外激动。从某种程度上讲,同这些日本二战老兵的相遇是我在东京度过的六天中心情最为矛盾的时刻,因为我今天竟然在日本的国土上同曾经为日本帝国陆军卖命的日本兵们握手。

在把花环放到纪念碑前之前,我同这些人进行了交谈,向他们解释我这次来到日本的原因。通过惠子的翻译,我面对现场的所有人用清晰的话语告诉他们:

"今天,我要在站在我身旁的日本人的陪伴下,把这个花环献给你们在东京的这个纪念碑。这个花环是和平和宽恕的象征,是对世界未来的希望,也是对我们孩子们的未来的希望。

"我希望在50年后的今天,我们已经汲取了历史的深刻教训,那就是我们必须把战争留在身后,我们可以为了一个和平的世界而共同努力。在这样的一个世界中,将没有仇恨和恐惧,没有战争和暴力,而只有和平、理解、友谊、爱和自由。"

两位同样上了年纪的日本老兵和其他和平组织的代表也发表了他们准备好的演讲和祈祷词。在这些人中间,有几个是基督徒,其中一个男人用蹩脚的英语发表的演讲尤其让我感动。在演讲结束时,他还背诵了"赞美诗51",其中就有这样两句话:

求你将我的罪孽洗除净尽,并洁除我的罪。因为我知道我的过犯,我的罪常在我面前。

这个男人背诵完这首赞美诗时,显然心情仍然不能平静。我走到他的面前,握起他的手,以表达我对他的赞赏和和解的愿望。

在花环放置仪式的最后,我用圣法兰西斯的和平祈祷作为结语。惠子的父亲也曾经是日本帝国陆军中的一个军官,她被我的行为深深地感动了。她一边翻译一边开始哭泣,最后我们俩手拉着手共同结束了我的演讲。在出席这个简朴仪式的日本人身上，我能够清楚地感受到他们希望和平的一致愿望。在日本度过的这一个星期，成为持续抚平我内心战争创伤的疗程之一。

就在圣诞节即将到来的一周之前，我们搭乘班机离开东京回到了澳大利亚。我同卡罗尔、内德和露比在悉尼待了几天，然后飞回了阿德莱德。我的大女儿艾琳、她丈夫加里以及我的两个外孙艾玛和贾德都来到机场迎接我的归来。我知道，两个外孙已经在电视上看到了我的故事，所以再次见到他们的时候我心里不免忐忑：他们会怎样看待我？艾玛已经14岁了，贾德也已经12岁，两人都正处于非常敏感的年龄。由于学校正好刚刚放假，他们俩将直接和我一起回到我的家里，和我待上一段时间，所以我认为这是一个不错的时机，我要利用这个时机让他们看看我这个外祖母依然还是原来的那个外祖母；一切并没有发生改变，而且我已经准备好回答他们提出的任何问题。

回到阿德莱德的当天晚上，我一夜都难以入睡。过去一周里发生的事情和那一个个沉重的瞬间又不断地浮现在我的脑海中。我公开讲述了我的故事，见到了其他一些战争中强奸罪行的受害者，也表达了我的一颗宽恕之心，这一切都使我破碎的心得到了慰藉。现在，已经再也没有回头路可走了。

妇女并没有参与战争和冲突，然而她们却遭到屠杀、伤害和奸淫，战争留给她们的只有永远的耻辱。许多战争中的强奸受害者因为这种耻辱而再也不能回到她们自己的家乡去；一旦人们发现她们曾经被人强奸，她们中的很多人就会从此丧失结婚生子的机会和权利。这些女人们只能带着伤痕累累的身心在沉默和耻辱中度过一生。这是不争的事实，而它也再一次让我认识到，男人虽然在战争中遭受了各种各样的暴行，但是女人遭受的苦难却是无法启齿的蹂躏和兽行。

在东京国际公开听证会上公开我的秘密，仅仅是我为保护战争中的女性、为人权得到公认和为传达宽恕态度而进行抗争所迈出的第一步，这将是一个必须持续终生的事业，它将带我走遍澳大利亚和全世界的许多地方。

在东京作证之后，我就产生了一个十分强烈的感受：我遭受的所有苦难都是有意义的。我绝不能把我遭受的痛苦白白浪费掉，我必须做一些事情。过去，我就一直怀有一个坚定的信念：正义总会战胜邪恶，这只是一个时间和方法的问题而已。

从东京归来后不久，我于1993年1月18日庆祝了我的70岁生日。卡罗尔送给了我一幅她亲手绘的油画，内容是我的法国祖父亨利和他的妻子珍妮。在画面中，祖父和祖母站在班多恩干他们那所漂亮大宅子的花园里，背景是欧恩加兰山。这是我想都不敢想的最为珍贵的生日礼物。

生日那天，我早早地起了床，准备像往常一样到我们教区的鲁尔德圣母教堂参加晨间弥撒。当我正准备出门的时候，门口传来了敲门声。打开门，我发现雪梨站在门口，她是我在教区里的好友之一。雪梨是唱诗班里的女高音，人长得很漂亮。她很少参加周日里的弥撒，因为今天是我的生日，所以她也来了。

"扬，你去参加弥撒吗？"她开口就问。"当然了，我要去的。"我回答说，"今天这个日子就更要去。"说完我把卡罗尔作为生日礼物送给我的那幅油画拿给雪梨看，她立刻鼓动我说："真漂亮。带上这幅画去教堂，我们可以把它挂在祭台的前面。"她的建议让我感到很惊讶，不过我还是听从了她的意见，带着那幅油画出了家门。我们俩一起朝教堂走去——离我家也就几分钟的路程。

等我们走到教堂门口的时候，我原以为我会像往常一样看到那些虔诚老教友谦虚的面孔，然而我却惊讶地发现整个教堂里都坐满了人，我的所有朋友也都在场。当我和雪梨沿着过道并肩向前走去的时候，我周围的人群纷纷向我喊道："生日快乐，扬！""祝贺你！""欢迎归来，扬！""干得漂亮，扬！"……当我走到我平日里就坐的座位前的时候，我更加明白无误地感受到了朋友们对我的爱和支持：座位上摆满了鲜花。这时，一个孩子仰着笑脸对我说："鲁夫夫人，我在电视里看到你了！"我所在的这个教区正展开热情的臂膀欢迎我回到教友们中间。教区牧师利奥·克罗宁神父说，这次弥撒是专门为我而举行的。至此，我心中沉积多日的忧虑之情彻底烟消云散了，取而代之的是教友们满满的爱和欢欣。

我主一直对我恩宠有加。想想在刚刚过去的这相当长的一段时间里，我一直为打破沉默可能对我带来的可怕后果心怀忌惮。自从我收到多·胡伊斯曼的那封信开始，一切都发生得太快了，我对回到阿德莱德一直感到害怕。然而，现在我不仅顺利回到了家乡，而且得到了和平、友爱和理解。

·· ❀ ·· ·· ❀ ·· ·· ❀ ·· ·· ❀ ··

我心中一直就有一个非常强烈的愿望，那就是有一天我能回到荷兰去，为在二战期间被日本人强征到妓院里充当性奴的其他荷兰姑娘们组织一次重聚活动。当我同女儿卡罗尔和女婿内德·兰德一起开始拍摄《沉默50年》纪录片之后，我终于得到了这个机会，我不仅重返了荷兰，而且还于1993年重返了爪哇。我一直难以确定自己是否还有可能再次见到和我一起在"七海屋"妓院里受苦受难的那几个姐妹。幸运的是，荷兰"日本道义债务基金会"的朋友们竟然成功地联系上了其中的几位受害姑娘。她们中的两位就是格尔达和丽思，都是我在三宝垄"七海屋"的苦难姐妹，再加上艾伦·范·德·普勒格，她是我的高中校友并且同样被日本人强征为三宝垄另一所妓院的性奴。

在同这几位和我有着同样可怕身世的女人见面的前一个晚上，热切期待的激动心情使我整夜辗转反侧难以入眠。我一遍又一遍地想象着她们战后的生活会是什么样子，想象着那样的生活又把我们改变成了什么样的人。我们彼此将会说些什么，她们是否把自己的秘密告诉了各自的孩子们？我多么希望马上就见到她们！

第二天，我们终于在海牙的一个会议室里相聚了。我到得最早，之后第一个走进会议室大门里来的人就是艾伦。她展开双臂热情地同我拥抱，对我说："燕妮！见到你真好，你看上去棒极了！"她看上去依然那么漂亮，还是当年我们俩在爪哇的中学校园里肩并肩散步、在垂叶榕浓密的树荫下一起吃三明治时的模样，过去这几十年仿佛对她根本就不存在。

那一天，一共有七位妇女参加了这次重聚活动。其中的格尔达就是当年在安巴拉哇集中营里和我并肩站在队伍里并同时被日本人挑选出来带走的10个姑娘之一。时隔漫长的50年还能再一次见到她，这对我无疑是无比欣慰的一刻，我们又能够一起分享我们彼此的感受：诉说我们经历的苦难、世人对我们悲惨故事的一无所知，以及共同的可怕身世又如何改变了我们的生活。我们还能够再次拥抱并再次共同分担心中的苦楚,那种别样的感觉是根本无法用言语表达的。为了这次团聚,我特别带来了我在"七海屋"用针线绣着我们七个姑娘名字的那张白手绢。我把它拿出来给格尔达看,一看到这张手绢她的眼睛里就立刻盈满了泪水。那上面留下了她的名字和她的亲手签名,这一个小小的物证毋庸置疑地记录下了日本人在二战期间的残酷暴行。

接着,我又把我在"七海屋"妓院期间为她画的一张手绘图拿给她看,在这张颜色已经有些变淡的铅笔手绘画里,格尔达的表情是那么的悲伤和凄凉。接下来,格尔达却让我大大地吃了一惊:她默默地拿出了一个小小的手绘簿,里面全是我在安巴拉哇集中营里所画的手绘,那是她在集中营里度过18岁生日那天我特意做成一个画簿送给她的礼物。我已经完全忘记了自己曾经为她画过的那些手绘,实际上我当时曾经为集中营里的孩子们画过许多手绘,有的时候孩子们的母亲甚至还为感谢我给过我一片面包或其他的食物。因为我们当时没有照相机,所以这个手绘簿里的图画现在就变得十分弥足珍贵了。在我为格尔达制作的这个小小的手绘簿里,都是用彩色铅笔画下的图画,它们非常生动地表现出了我们特有的集中营幽默感。我当时作的那些画记录下了我们在集中营里干活的情景:我们那支"粪便队"在清理厕所,我们在我们称之为"臭肉汤"的脏水里洗衣服以及其他各种劳役和活动,如搬运重物和向日本人鞠躬。在其中的一幅手绘的空白处，我甚至还记录下了我们当时经常大胆哼唱的一首小歌：

  我们决不屈服，
  因为我们长着坚硬的头颅！
  加油，加油，
  加油，加油！

  见到这首歌，我们俩不约而同地唱了起来，然后面对面地开怀大笑不已。

  接着，格尔达的一番话让我深深地感动了。她对我说："那天，当我在报纸上第一次看到有关燕妮的那篇文章的时候，我根本不愿意讨论这个问题，也不想再听到这个问题，我早就把这段悲惨的往事埋进了心灵的深处。但是，过了不久我就开始钦佩燕妮的勇敢行为。我一直没有把这个秘密告诉我的孩子们，我觉得我必须保护他们——但是，保护他们不受什么样的伤害呢？我却感到茫然。在我的内心里，我渴望把它（强奸）定性为一种战争罪行。这么多年来，燕妮也一直把这个秘密深藏了起来。她遭受了那么可怕的摧残，我当时就和她在一起，我最清楚她所经受的苦难。那个时候，恐惧几乎把她逼到了疯狂的边缘；她当时的那张毫无人样的脸至今也时常浮现在我的眼前。"说到这里，她伸出手触碰了一下我的手臂，说："燕妮，请原谅我这么说。"我抬起手抹去脸上的泪水，告诉她说："你的话是对我极大的安慰。"

这确实就是我当时的感受。格尔达的话进一步激发了我为保护战争中妇女的权益，防止此类犯罪永远不再发生而继续抗争的决心。我的抗争不仅仅代表了格尔达、丽思和艾伦，也代表了韩国、中国大陆、中国台湾、印度尼西亚、菲律宾和以及我后来才得知的来自巴布亚新几内亚腊包儿的所有妇女。到今天为止，这个抗争已经持续了整整15年，并且仍然在继续。

艾伦告诉我说，之前曾经有人希望她在二战纪念日的时候把她的故事讲出来，但是她感到自己一个人独木难支，很难取得任何实际的效果。"但是，当我在《电讯报》上读到了那篇文章，看到燕妮勇敢地站出来把她的故事公之于众之后，我终于决定支持她的正义行动。"丽思曾经和我一起在三宝垄的"七海屋"妓院里备受凌辱，和我一起无数次背诵《玫瑰经》艰难度日，她也看到了《电讯报》上的这篇文章。第二天，我接到了她打来的一个电话，她告诉我她想见我，这让我激动不已。对我而言，在所有当年一起受难的姐妹中，能够再次见到丽思是有特别意义的。

战争结束后，格尔达和丽思的经历和我非常相似，她们的母亲也同样难以接受发生在自己女儿身上的悲剧。格尔达说："我母亲根本不想知道我到底遭遇了怎样的苦难。后来有一天,她只是问了一句:'到底发生了什么,是我最害怕的事情吗?'我也只回答了一个字:'是。'当时,我就感觉到她几乎就要崩溃了。从那以后,她就再也没有提起这件事情。家里的其他人对此都一无所知,我们就这样一直沉默下来。"

丽思说,她是在茂物集中营里同她的母亲重逢的。母亲见到她的那一刻欣喜若狂。"但是,我母亲只是简单地告诉我说:'我知道你的遭遇。'其他什么话都没有说。我母亲是个心地非常善良的女人,但是她就是不敢谈起这个问题。她有许多孩子,其中两个儿子也被日本人抓走了。她仅仅是为我能够回来感到高兴。"

这就是我们所有人共同的经历,也正是从那个时候起,沉默开始并一直延续了50年。

··❈····❈····❈····❈····❈··

为了拍摄《沉默50年》纪录片,我们回到了爪哇。我最想重返的故地首先是那座位于泽比灵的蔗糖厂和种植园,那是我童年时代生活过的地方;第二个地方是班多恩干祖父的故居;第三个地方是安巴拉哇集中营;最后一个是我的出生和求学之地——三宝垄。

当我们登上印尼航空公司飞往爪哇的航班,受到机上空中小姐热情欢迎的时候,我强烈地感受到了回家的感觉。我就要回到自己出生的故乡了，回到我的根的所在地，回到那片我在1946年印度尼西亚独立战争后不得不离开的土地。当我走下飞机的时候，潮湿的空气扑面而来，我立刻意识到这就是我久违了的热带气候的感觉。我女儿卡罗尔已经先期抵达雅加达，只见她满面笑容地站在那里迎接我的归来。第二天，我们一起飞往三宝垄。

在从机场前往市区的路途中，我认出了一座座当年的建筑：我读书的学校、那座天主教教堂以及我姐姐艾莉娜曾经工作过的荷兰东印度群岛铁路公司大楼，我的心情开始变得越来越激动。我们下榻的旅馆位于岗蒂，是三宝垄郊区的一片山丘地带，那里正是当年的"七海屋"妓院的所在地。第二天，按照计划我们要设法找到那幢让我受尽屈辱的房子。法哈勒·阿姆鲁拉先生是我们的印尼向导，同时也是《沉默50年》纪录片在印尼的外景地拍摄主任，他在当地显然颇有一些名气，好像没有他办不成的事情。我告诉他说，我们要找的那幢房子位于一条名叫金丝雀树街的街道上。汽车喇叭一路不停地鸣叫着在曲折的街巷里穿行，终于把我们带到了那个区域。

整个街区的面貌已经不同于往昔，那些漂亮的金丝雀树早已被人们伐去。因为当时只能从"七海屋"内往外看，所以我根本不知道那幢房子的外观是什么样子，现在根本无法从众多的房屋中把它辨认出来。于是，法哈勒先生开始向街上的行人打听，最后终于找到了一位摆小食摊的老太太，并且用爪哇当地的方言同她进行了交流。我感到非常惊讶，我们居然能在这条熙熙攘攘的街上找到一个依然记得当年那些事情的老妇人。我觉得，是我主引导我们找到了她，这个人无疑是我们所经受苦难的又一个见证人。她告诉我们说，二战期间日本人占领爪哇时她只有九岁。她清楚地记得，战后那幢房子因为其历史上的恶名而被拆除了。虽然她当时还只是一个孩子，但是对那个地方也感到害怕。她说："那里有很多日本兵，还有一些荷兰女人。我对他们如此利用那些荷兰女人感到很痛心。我曾经被大人带着多次进出过那幢房子，我并不想去，即便是孩子的我那时也已经有了羞耻感。"

她把我们带到了"七海屋"的准确所在地。走在这片只剩下瓦砾和碎石的遗址上，我内心的感受非常奇怪：我脚下的这块土地正是我当年受尽日本人凌辱和折磨之地，现在当我看到当年的妓院已经被人们拆掉了的时候，那种感觉就好像我自己获得了胜利。

为了追寻我当年生活的踪迹，我们来到了三宝垄医院。我们惊讶地发现这里竟然仍然生活着一位荷兰方济会的老修女，因为当年战争结束后绝大多数修女都被送回了荷兰，所以她的存在实在出乎我们的预料。我们看到她的时候她正坐在医院的前廊上，于是我走上前向她作了自我介绍。结果我们发现，这位修女当年也和我们一起被囚禁在安巴拉哇集中营里。当我们一起回忆起集中营生活的时候,她对我说:"当年在安巴拉哇集中营里发生了一件非常可怕的事情。他们（日本人）把一些姑娘强行带走了。雷迪西亚修女是我们营区的头,她尽了一切努力企图阻止日本人的行为,但是他们还是带走了10个姑娘。"就这样,我们在这所医院里又意外地找到了另一位证人。

我急切盼望访问的下一站是泽比灵的蔗糖厂,那里是我父亲曾经工作的地方,也是我们全家曾经生活过的地方。当我们渐渐接近蔗糖厂旧址的时候,我首先认出了蔗糖厂里的那座高高的烟囱,想起了孩提时代这里曾经发生过一次地震,这座烟囱就在我们的眼前不停地摇晃,父亲大声喊道:"所有人赶快从屋里出来!"

蔗糖厂里的所有房屋都已经不再是我记忆中的模样,它们早就被人们遗弃了,现在已是残垣断壁;花园也已荒芜,曾经修剪整齐的树篱和平整的草坪也已变得颓败而凄凉。我们找到了我家的那所老房子,住在那里的一位和蔼的印尼老妇人对我们的到来表示欢迎。我向她解释说,第二次世界大战前我曾经就住在这所房子里,她立即走上前来同我拥抱,并把我们请进了屋里。在我的这个故居里,我一边走一边看,屋内过去的景象早已消失殆尽,显得空荡而没落,我父母当年那些殖民时期的漂亮家具、墙上的油画、我家的钢琴、父亲的办公桌以及前廊上种在中国大花盆里的棕榈树,统统没有了踪影。

看起来，自从我们离开之后这里就再也没有重新粉刷过，屋顶的瓦片也已经残缺不全。她把她儿子的卧室打开让我们看，这间屋恰好就是我哥哥瓦尔德当年的卧室。

我走进后花园里，又看到了我们当年那只赤颈鹤雅各布喜欢站在上面的那堵白色围墙。父亲亲手种下的那几棵果树有的还在，那位老妇人从树上摘下一些果子让我们吃，我嘴里吃着果子，却是别有一番滋味在心头——这些果子都来自我父亲亲手种下的果树啊。

第二天，我们驱车前往安巴拉哇，就是在那里的集中营里日本人把我们囚禁了三年半。集中营的营房已经不复存在，取而代之的是几个市场和许多小食摊。站在这里，我心中再一次涌起了那种奇怪的满足感——让我们经历了无数痛苦的安巴拉哇集中营终归被毁灭了，现在生活在这块灾难深重土地上的都是满脸带着微笑的幸福的人。安巴拉哇城里历来都有一个生机勃勃的市场，我们当年被囚禁在铁丝网和高墙之内的时候，是多么希望能够得到一些这个市场上的东西啊！

离开安巴拉哇之后，我们驶上了通往山中的公路，向保留着我童年时代最温馨和甜美记忆的班多恩干而去。我已经很清楚地意识到，童年的美梦已经再也不可能重温，所以只是想知道祖父亨利一手创造的那个天堂般美丽的家园还几分尚存。通往班多恩干的这条路我是再熟悉不过的了。我们沿着风景如画的盘山路而上，我让卡罗尔往窗外看，那些美丽的峡谷和路旁的稻田是多么迷人。我们从这里还能看到默拉皮火山和它云雾缭绕的山顶。我告诉卡罗尔，有一次我们就是从我祖父的家里目睹了默拉皮火山的喷发，看到了从火山口喷涌而下的红色岩浆。

当我们终于到达祖父的度假胜地"乡村公园"所在的旧址时，一幢幢密集修建的房屋让我感到非常失望，这里过去的安宁景象已经荡然无存。那天又正好是周末，到处人来人往，我们哪里还能看到祖父家的丝毫痕迹，到处都是商店和地摊，还有水果市场和蔬菜市场。一群漂亮的小男孩在一位教练的带领下从我们身旁匆匆而过，他们是去表演当地十分流行的"疯马舞"①的。于是，我们跟上他们往前走，只想一起凑个热闹。表演开始后，这些小男孩们很快就进入了如痴如醉的恍惚状态，骑着稻草马手舞足蹈，最后他们自己也都变成了马，让我们看得很过瘾。他们用手里的鞭子相互抽打，似乎丝毫也感觉不到疼痛。就在跳舞进行的过程中，有人拿来了一些活生生的蝎子给他们吃，吃下蝎子之后他们的动作就变成了马的动作。看到这里，我们都感到有些于心不忍。

为"疯马舞"伴奏的正是印尼古老的加美兰音乐，听到

---

① "疯马舞"（"Crazy Horse" dance）又译"纸马舞"，是印度尼西亚爪哇岛上十分流行的传统舞蹈。舞者通常为小男孩，一手执鞭，一手持两面画有马的图案、剪裁成马的大致形状的纸板或稻草扎制而成的马，在加美兰音乐的伴奏下做出骑马、牵马、举马等不同舞姿，同时挥舞鞭子相互抽打，如痴如醉。

它悠扬的声音又让我想起了当年我们家中常常听到的音乐——父亲和母亲一个拉着小提琴一个弹着钢琴，而从山脚下的村庄里则悠悠地传来加美兰音乐的迷人旋律。现在，一想到那种特殊的混合音乐的声音就好像那只是一个梦境，两种截然不同的文化曾经在这个地方竟然那么和谐地同生共存过。

从荷兰和爪哇回到澳大利亚并且完成了《沉默50年》纪录片的拍摄之后，我又继续投入了为"慰安妇"的艰难处境而抗争的活动之中。我的工作就是重新恢复她们的尊严，要求日本政府正式向她们道歉。为此，我不仅到澳大利亚各地也到世界其他国家演讲和作证。

1995年4月发生的一件事情给我留下了十分深刻的印象。澳大利亚红十字会在悉尼组织召开了一个名为"妇女的尊严与战争"的论坛，邀请的主要演讲嘉宾是布特罗斯·布特罗斯-加利先生。他是时任联合国秘书长，一个具有传奇色彩的人物。我的发言被安排在他的演讲之后。布特罗斯·布特罗斯-加利先生具有超凡的人格魅力，他深深地感染了我，完全吸引了我的注意力。我同他见了面并且把这本书的第一版送给了他，这让我感到非常的荣幸。

1997年3月，我应邀前往北爱尔兰演讲。在那之前，我还从来没有到过北爱尔兰，所以受到邀请后一直很激动。我娘家的姓氏是"奥赫恩"，这无疑说明我们家族的根在爱尔兰。我哥哥瓦尔德·奥赫恩花费了不少心思对我们的家族史和祖先们作了详细的调查研究，结果表明奥赫恩家的先人最早是都柏林的亚麻商人。在18世纪至19世纪爱尔兰的某次"马铃薯饥荒"①期间，奥赫恩一家移居到了法国。他们在那里定居下来，娶了法国姑娘为妻，成为法国公民。在法国大革命时期，奥赫恩家族的先人中曾经有一位印刷商人，因为印刷和散发法国王室的文件和小册子而被送上了断头台。我哥哥尤其喜欢讲述这个故事，每次讲起来还带着几分自我炫耀的情绪。当我乘坐的飞机在贝尔法斯特机场降落之时，我满脑子

---

①爱尔兰马铃薯饥荒（Irish Potato Famine）发生于1845年至1852年。在这7年的时间里，英国统治下的爱尔兰的人口锐减了将近1/4。这个数目除了饿死、病死者之外，也包括了约100万因饥荒而移居海外的爱尔兰人。造成马铃薯失收的主要原因是生长中的马铃薯被一种称为晚疫病（Phytophthora infestans）的卵菌（Oomycete）侵害而腐烂。马铃薯是当时爱尔兰人的主要粮食来源，这次由病害和诸多社会与经济原因造成的大面积失收，严重打击了贫苦农民的生计。马铃薯饥荒对爱尔兰的社会、文化、人口都产生了深远的影响，许多历史学家把爱尔兰历史分为"饥荒前"和"饥荒后"两部分。

其实，爱尔兰马铃薯失收早在18世纪就已经屡见不鲜。据1851年的一次统计，自1728年以来至少发生过24次失收，其中1740年的饥荒也非常严重。

奥赫恩家族移居法国应该是在18世纪，即1789年至1799年的法国大革命之前，而不是通常意义上1845年至1852年的马铃薯饥荒期间。

里都充满了这些家族故事,从而使得这一趟爱尔兰之旅带有了些许认祖归宗的感受。

我这次来到北爱尔兰是应邀在一个名为"男人,女人及战争"的会议上发表演讲,会议由位于伦敦德里郡的阿尔斯特大学"冲突解决与种族划分倡议计划"①项目主办,为期三天。这个会议的目的是探讨战争中的种族暴力和性暴力对妇女造成的影响。除我之外,还有另外两位原"慰安妇"应邀参加了会议,一位来自韩国,另一位来自菲律宾,她们两人也都在会议上提供了各自的证词。在地球的另一端再次见到这些妇女让我情绪激动,但是同时也让我感到安慰。虽然她们的故事和我的遭遇有诸多细节上的不同,但是其实质——日本人的野蛮暴行——却完全一样,她们也同样饱受凌辱并被剥夺了美好的青春。

在这次会议上,最引人注目和震撼人心的一个专题报告来自于西澳大利亚佩斯大学的田中熊喜博士,题目叫做"第二次世界大战中的性奴役"。我回到澳大利亚之后有幸结识了

---

① 1993年,阿尔斯特大学和联合国大学合作创办了"国际冲突研究所"(International Conflict Research),研究的主要方向是北爱尔兰和国际冲突的原因及后果以及涉及推动实施冲突解决方案等战略问题,旨在通过研究、教学和比较分析提高国际冲突研究的成果,为涉及和平、冲突及和解问题的各国领导人和执行人员提供理论支持和实施建议。"冲突解决与种族划分倡议计划"(Initiative on Conflict Resolution and Ethnicity)为该研究所主持的研究项目之一。

他。田中博士著有一部专著《看不见的恐怖》，书中详细列举了日本在第二次世界大战中犯下的各种各样的战争罪行，我的故事也被列入其中。除此之外，还有来自美国、印度、英国、北爱尔兰和前南斯拉夫等国的人士提出了各自的研究报告。到会议结束的时候，我已经充分地感受到了全世界正在认真听取战争的恐怖和罪恶，我感到非常满意。

1997年12月，我收到了澳大利亚战争纪念馆的历史学家彼得·斯坦利博士寄来的一封信。他在信中告诉我，他正负责筹建一个新的第二次世界大战陈列馆，其中一个重要的部分就是展示被日本人俘获的澳大利亚男人和女人的故事，当然也包括其他国家的战俘和平民囚徒的故事，而这个部分中又有一个关于妇女囚徒的特别内容。

他问我是否愿意向这个陈列馆捐赠部分实物或纪念物，以展示我们在集中营里生活的方方面面。斯坦利博士特别提到了我那张绣有"七海屋"姑娘们名字的手绢，认为那是一件最为强有力的直接证据，证明了我们在日本人手中所经受的苦难。他是在一个杂志上的一篇文章中看到这张手绢的。

对我而言，要捐出这张承载着我无数痛苦记忆的珍贵手绢，确实是一个非常艰难的决定。但是，我意识到这件文物一旦作为妇女所受苦难的物证陈列在新的二战陈列馆中,它所能发挥的价值和影响力必将比我藏在家里要大得多。它是幸存者的象征。这张手绢我已经精心收藏了许多年,现在要把它捐出去,就好像要割去我身上的一部分。它不仅记载着七个苦难姑娘的名字,更代表着我的身心,是我生命的一部分。但是,说到底这个陈列馆才是它应该去的地方,在那里它会同其他展品一起让全世界都明白:这样的战争罪行再也不能重演。1999年1月30日,我把这张手绢正式捐赠给了堪培拉战争纪念馆。

我女儿卡罗尔十分清楚这张手绢对我的重大意义,懂得我难以割舍的情感,她曾经专门为此写过这样一篇短文:

那是一张上面绣着七个人的名字的小手帕。就是这张手帕被母亲秘密地藏在她梳妆台下层抽屉里的底部长达50年之久。

还是小姑娘的时候,我和姐姐艾琳就喜欢在母亲的抽屉里翻看她使用的东西,把她那些老旧的首饰戴到自己身上:一对同漂亮的晚礼服搭配使用的耳环,一些出自爪哇殖民地时期的旧银饰以及一串荷兰出产的琥珀项链;一条带有手绣荷兰郁金香的腰带——当年母亲的腰可真小;几副50年代的手套、流行珠串和胸针;一条她上教堂时戴在头上的黑色西班牙头纱；除此之外，还有几个老式的粉盒，几件折叠得非常整齐的精致外衣以及各种化妆用的药剂和药水。然而，最让我们痴迷的还是母亲在这些小物件上留下的独特气味，我说不出那是一种什么气味，它包含了法国香水、各种化妆品和母亲身体的气味，且称其为一种混合香型吧。我喜欢这种气味。

记得有一次我一把从抽屉里拉出来了那张小手帕，问母亲这是个什么东西，不料母亲却一反常态，一把夺过手帕，然后小心翼翼地把它收藏了起来。我哪里知道这张手帕承载着那么多无法讲述的故事，当时的母亲还不能把那些故事讲给我们听，即便是自己的女儿她也难以启齿。

母亲当年让"七海屋"里的七个姑娘在这张手帕上亲手写下了她们自己的名字，然后又用针线把一个个名字绣到了手帕上，并且在手帕的中间绣上了日期："26-2-44"。

这就是母亲在她梳妆台最下面的抽屉里收藏了多年的那个历史证据，而我们从小到大对此竟然一无所知！我要是早知道这个故事该有多好，那我对于母亲做出的一些难以理解的事情就会更加体谅。但是，任何人想一想就会明白，一个母亲又如何能够向自己的女儿讲出这样的故事?

当年,日本人从那座关押荷兰囚犯的集中营里强行带走了七个姑娘,然后把她们投进了那所"妓院"里。"妓院"一词准确吗?她们难道就是所谓的"慰安妇"?在我们的语言中,我们根本找不到一个恰当的相应的词语。

1999年,当包括日本集中营内容的第二次世界大战陈列馆对外开放的时候,母亲把这张手帕捐赠给了澳大利亚战争纪念馆。

我们最后一次见到那张手帕还是2001年年底的时候。后来,澳大利亚广播公司电视台准备把母亲的故事拍摄成一个专题片,作为其"澳大利亚故事"栏目的节目播出。按照电视台的安排,母亲要前往澳大利亚战争纪念馆看一看她捐赠的那张手帕,摄制组将记录下母亲参观的全过程。那天,母亲来到纪念馆里的那个玻璃陈列柜前,里面摆放着她的手帕,说明文字讲述了她的故事,同时还提供了一张她在二战爆发之前拍下的一张照片。在那张照片上,母亲是那么漂亮、单纯、虔诚和让人激动。她现在依然如此。

母亲一看到那张手帕,眼眶里就立刻盈满了泪水。她问陈列馆的工作人员说,能否再让她亲手摸一摸那张手帕。于是,工作人员立刻戴上了查看档案文献使用的白色手套,小心翼翼而又充满爱心地把手帕从展示柜里取了出来。母亲没有像工作人员那样带上白手套,也没有人要求她这么做。她把这张小小的手帕捧在手里,逐一轻声地读出了上面的七个名字——这张手帕见证了她的那一段悲伤和痛苦的经历。在这七个名字中,一些人依然保持着沉默,她们至今也没有把自己的故事告诉她们的家人。看来,她们的秘密永远也不会大白于天下了。

母亲诚心诚意地对在场的每一个工作人员让她再次触摸到这张手帕表示了感谢,然后非常小心地把它交回到了工作人员的手中。

❄ · · ❄ · · ❄ · · ❄ · · ❄ ·

在我巡回演讲和作证的过程中,我十分有幸地见到了许多二战期间的"慰安妇",她们分别来自韩国、朝鲜、中国大陆和台湾、菲律宾和印度尼西亚。2000年,我第二次访问了日本,那一次是在东京设立的"日本军方性奴役国际战争罪行法庭"上作证。

在这个法庭上,我遇到了两位来自印度尼西亚的妇女,她们当年也是年轻姑娘,也是同样被日本人强征成为日本军方妓院里的"慰安妇"的。我当时被日本人从集中营里强行带走并成为日本军人的性奴隶的时候，并不知道许多年轻的印尼姑娘也遭受了同样的性虐待。这两位妇女告诉了我她们是如何被日本人从自己的村庄里强行带走，以及被投入所谓的"慰安所"里并惨遭日本军人蹂躏的故事。现在，我们一起站在这个法庭上，向全世界讲述了日本人对我们实施性暴力的难言事实。同这两位来自我出生地的妇女紧紧拥抱的那一刻，成为我心酸而难忘的经历之一。她们都还记得荷兰殖民时期的情况，她们称其为"往昔的日子"。虽然许多年已经过去了，但是连接我们之间的无形纽带依然存在。

同各国的其他"慰安妇"见面是我使命中最重要的内容之一。对这些妇女而言，我不仅代表着欧洲人的声音，并且也已经成为她们中的一分子，而她们当然也成为我的一部分。我们一起分担痛苦，从而实实在在地帮助我们自己摆脱了羞耻。

2000年7月，我应邀同尊敬的英国牧师菲利普·托里德博士一起参加了一个主题为"当代社会的悲哀"的国际会议并发表演讲，地点在耶路撒冷。1994年，菲利普·托里德博士在阿德莱德看到了《沉默50年》纪录片，于是主动和我联系，告诉了我他对战争史的特殊兴趣，并且希望同我见面。从那以后，他就成为了我家多年的亲密朋友。收到这个会议发来的邀请函让我非常激动，因为这次旅行将把我带到我多年期盼到访的宗教"圣地"。会议开得非常成功,我不仅见到了每一个神圣的地点,甚至还得到了在死海里游泳的难得机会。人们说得没有错——死海确实含盐量很高,人不会沉下去,只会一直漂浮在海面上。

在这个会议上,我决定不再仅仅谈论我在集中营和"七海屋"妓院里遭受的苦难,而是把重点放到因为战争中所受到的伤害而导致我三次伤心流产的个人经历上。

从耶路撒冷回国之后,菲利浦一次问我说,是否有人为我失去的孩子们举行过抚慰心灵的弥撒活动。我告诉他说我从来没有经历过这样的仪式,于是他主动提出在他的教区里为我举行这样一次特殊的弥撒,以抚慰我心灵的创伤。参加这个仪式的只有菲利浦和我两个人,他建议我为每个夭折的孩子取一个名字,这样一来我们就可以在弥撒中为每一个孩子点上一支不同颜色的蜡烛。

这个弥撒也包括了摸顶、涂抹圣油和领受圣餐等仪式。在弥撒开始之前,我已经在祭台上点上了四根蜡烛,每一根代表我失去的一个孩子。我把在三宝垄妓院里被打掉的孩子也包括在其中,并且为这个孩子取了一个日本人的名字。这四个孩子的名字分别是:圣保禄·弥基(取自一个日本殉道者的名字)、弗朗西斯(取自阿西西的圣弗朗西斯)、玛利亚·葛莱蒂(取自为保卫自己的贞节而死的圣玛利亚·葛莱蒂)和珍妮·达克(既代表我自己也是圣女贞德的名字)。

这次追思弥撒深深地触动了我的心灵。我感到安慰:现在我失去的每一个孩子都得到了认可并获得了自己的名字，我让伤心的泪水尽情地流了个够。那天晚上，我在日记中写道："今天发生的事情意义重大，我的肉体释放了痛苦，我的灵魂得到了重生。"

- - - ❈ - - - ❈ - - - ❈ - - - ❈ - - - ❈ - - -

2003年，我第三次访问了日本，这一次是同一个名为"阿加披和解之旅"组织的人士一同去的。"阿加披"是一个希腊语单词，意思是上帝之爱。活动由日本民间人士组织，这些人都是一些对自己在战争中所犯罪行感到痛悔，希望为他们的受害者作出补偿的普通日本民众。这次活动无论对战争受害者还是对日本人民而言，都是一次和解的朝圣之旅。我的大女儿艾琳和我一起参加了这个活动，这也让我感到很高兴。在旅途中，我们不再把见到的日本人看做昔日的敌人，而是把他们视为我们现在的朋友。同我们一起在日本旅行的还有来自澳大利亚和英国的二战战俘。在各地的教堂、会议中心、晚餐会和一系列论坛上，我们同日本人民分享了我们各自的故事，我们甚至还住进了日本人的家中。

我们学会了用没有把手的杯子品尝绿茶，我和艾琳甚至还到日本人的公共浴室里洗过一回澡。这次访问把我们带到了广岛，最后我们来到了京都。而正是在京都的告别晚宴上，我得到了一次异乎寻常的经历。

晚宴上，我的座位正好被安排在两个年老的日本先生之间。席间，我转向坐在我右面的那一位问道："看起来你和我的年龄相仿，一定在二战中打过仗吧？"他回答说，他曾经在缅甸打过仗，参加了著名的英帕尔-科希马战役[①]。我简直不敢相信我会碰到这样的巧事。我丈夫汤姆就在1944年参加过

[①] 英帕尔-科希马战役（The battle of Imphal and Kohima）是第二次世界大战期间东南亚战场的一次重大战役。1942年，日军打败驻缅英军、攻占缅甸之后，缅甸的西部邻国、英国最大的殖民地——印度就成为其下一个进攻目标。此役历时数月，战斗异常惨烈，最终盟军获得了胜利。西方和日本的历史学家普遍认为：在日本陆战历史上，英帕尔-科希马之战是日军遭到最惨重失败的一次战役，有人甚至将其称为"东方的斯大林格勒战役"。

英帕尔战役：日军代号"乌号作战"（Operation U-go），为第二次世界大战期间日军从缅甸对英属印度所发动的战役之一，目标为攻占英帕尔。战役从1944年3月开始，至同年7月结束，最后以日军的惨败结束。

在此役中，日军由牟田口廉也中将统率。战役结束时，参战的9万余名日本士兵中，只有约1万人生还，其中战死3.2万人，其余6万多人在败退途中因饥饿与疾病死亡。这场战役被认为是日本陆军在二次世界大战中损失最惨重的战役。

科希马战役是英帕尔战役的一部分，是第二次世界大战期间日军进攻印度的"乌号作战"的转折点，自1944年4月4日至6月22日，战斗围绕着印度东北部的科希马展开。

4月3日至16日，日军为了切断被围困在英帕尔的英军和印度军队的供给，对英帕尔公路上的战略要地科希马山脊发起攻击。4月18日至5月13日，英国和印度军队的援军对日军发起反攻，夺回了被日军占据的阵地。日军虽然不得不放弃了科希马山脊，但是其对英帕尔-科希马公路的封锁仍然没有解除。

5月16日至6月22日，继续追歼溃退的日军，扩大了战果，驻守英帕尔和攻打科希马的英印部队终于在英帕尔-科希马公路的109里程碑处胜利会师，重新打通了这条战略要道并解除了英帕尔之围。

在缅甸的这场战役，毫无疑问他们俩当时肯定在战场上进行过殊死的搏斗，而这个曾经同我丈夫刺刀相见的男人现在就坐在我的身旁！我们同时握住了对方的手。当年的敌我已经成为历史，我们现在要做的是不让战争重演。

我又转向坐在我左手边的先生，向他提出了同样的问题，询问他在战争中的经历。他告诉我说，他当时也曾在军中服役。我又问他："那么，你在战争期间有没有去过某个慰安所？"他回答说，他确实去过日本军队设立的几个妓院，不过不是在爪哇。我问他："你当时难道就没有想过这样做是错误的吗？"他的回答是："没有。我当时根本就不认为这是什么错误的事情。这都是整个日本军队制度的一部分。有人告诉我们说，去慰安所对提高我们的士气有好处；这是专门为我们提供的服务；这就是战争的意义所在——在战争中，女人就是用来被强奸的，这是我们的权利。"

日本军方把性奴隶提供给这些士兵，就等同于为他们提供一盒香烟那样天经地义。坐在这个曾经强奸过许多无辜年轻姑娘的男人身旁，让人感到不寒而栗。我们彼此注视着对方的眼睛，然后我告诉他我已经宽恕了他的罪行。接着，我们彼此拥抱致意——这个行动可能显得荒唐。我是受害者，但是正是我采取了主动，他也能够作出回应。这对我们两人而言都是一种安慰。

在那个餐桌上，还坐着另一个上了年纪的日本男人。于是，我又向他问道："我们俩的年龄也差不多，你肯定也打过仗吧？"他说："是的，我打过仗。"我问他在战争期间都干了什么，他回答说："战争期间我当过一个集中营的司令官。"听到这个话，我立刻不由自主地竖起了耳朵。我对他说："我们对集中营的司令官都十分痛恨，因为他们都非常残酷无情。他们让我们感到恐惧。"我又问他当时在哪里的集中营当司令官，他说："苏门答腊的一个集中营。"我父亲当年就被关押在苏门答腊岛的集中营里，于是我进一步问道："你在苏门答腊的哪一个集中营？"他回答说："帕干巴鲁集中营。"原来，这个人就是那个臭名昭著的最残酷无情的帕干巴鲁集中营的司令官！我的父亲就是在他的手里受尽了折磨。有一次，这个司令官把我父亲扔进了在地上挖出的一个坑里，然后在上面盖上了一块锡板。他把父亲置于烈日下炙烤，欲置之死地而后快。他没有想到，当守卫后来揭开锡板盖子的时候，父亲依然活着——他竟然幸存下来了。

现在的我就同这样一个男人一起坐在这个餐桌前，而我还是宽恕了他的罪行。我认为，这就是宽恕的全部意义所在。同样，这一次还是我采取了主动，我告诉他我已经宽恕他了，而他也告诉我说他感到非常对不起。我希望他能够正视自己的过去，而这正是他前来参加这个和解晚宴的目的。宽恕是一件令人惊奇的事情，也是愈合心灵创伤的良药之一。

到现在为止，我的使命已经把我带到了荷兰、印度尼西亚，三次到日本，还有北爱尔兰、新西兰、英格兰、以色列，最后又回到了荷兰。在这些国家举办的各种国际会议和论坛上，我发表演说，支持国际红十字会、国际特赦组织、国际人权委员会、英国皇家文学学会、联合国、联合国青年大会以及许多其他组织为保护战争中妇女的权益而作出的巨大努力。

2001年，我接到了来自荷兰的一个国际长途电话，打来电话的是我的老朋友多·胡伊斯曼女士。她在电话里兴奋地告诉我说："燕妮，我有一个特大的好消息要告诉你，不过你最好先坐下来，要坐稳了。你已经被荷兰贝娅特丽克丝女王授予了皇家骑士勋章。"我不敢相信这是真的，握着话筒的手和我的声音都开始颤抖："这是真的吗？我怎么配得上这样的荣誉？"多·胡伊斯曼也非常激动，她强调说："珍妮，这可是奥兰治-拿骚王室颁发的勋章啊，你现在是一名爵士了。"

接受荷兰女王颁发的皇家骑士勋章给了我又一次重返荷兰的机会。我的大女儿艾琳陪同我坐上了前往荷兰的飞机。2001年9月20日，贝娅特丽克丝女王在阿姆斯特丹为我正式颁发了这枚勋章——"奥兰治-拿骚皇家骑士勋章"。我们家族在荷兰的所有亲人都来到了阿姆斯特丹，和我一起分享和庆祝这一重大喜事。那一天，我多次在人们面前讲话，用荷兰语表达我的感激之情。多年来，无论在哪个国家作证的时候我使用的都是英语，这一次面对我的家族成员和老朋友们——我的挚爱亲人和至亲好友，我又能够再一次用荷兰语痛快地直抒心境，让我感到格外的愉悦。

在那之后，我又陆续得到了更多的奖章和荣誉。2002年"澳新军团日"那天，我得到了"澳新军团和平奖"。我很看重这个和平奖，因为它来自于澳大利亚退伍军人协会。我是4月3日接到电话通知得知这个消息的，但是我不能向外透露这个喜讯，必须等到4月25日"澳新军团日"当日，由官方正式宣布这个消息。得到这个消息后我就一直兴奋不已，但是又不得不暂时守口如瓶，这可真把我憋得够呛！

在颁发给我的那一枚"澳新军团和平奖"的圆形浮雕奖章上，雕着加里波利战役中的传奇人物辛普森和他的那头驴子的形象，同时刻有我的名字。为我颁发这枚奖章，是为了表彰我为世界和平和善意而作出的贡献。在我家中的客厅里，这枚奖章一直被挂在一个最为显著的位置，它是我的骄傲。

在同年的6月10日，我又获得了"澳大利亚勋章"——"澳大利亚勋章民间人士勋章"。在2002年女王生日那天，受表彰人员的名单正式发布，因为我"作为一名积极倡导人权、保护战争中妇女的人士，在推动揭露战争相关罪行的活动中发挥了领导作用，为国际社会作出了卓越贡献"，特此给予表彰。

此外，我还获得了其他一些表彰和奖章，但是其中我最为珍视的还是教皇保罗二世授予我的那枚勋章，那是精品中的精品。12月7日，我在阿德莱德圣弗朗西斯哈维尔大教堂举行一个特别仪式上获得了这枚罗马教皇颁赐的荣誉。那是一个美好的夏日，我的家人早早地来到了我的家里，然后陪伴着我一起向市区出发。我穿上了我最好的白色两件套装，希望展示出我最好的风貌。前一天晚上，期待的心情让我彻夜未眠。那个早晨，我格外想念我的汤姆——他若在世，一定会为我感到无比的骄傲。我从壁炉台上取下汤姆的照片，把它紧紧地贴在我的胸口上，轻声告诉他说："亲爱的汤姆，我相信在今天这个重要的日子里，你一定会陪伴在我的身旁。"我的家人们都非常激动，他们为自己的母亲和外祖母感到自豪。当我们来到圣弗朗西斯哈维尔大教堂的时候，他们一个个都立刻拿出相机为我拍照留念。

在那之前，我曾经多次到这个大教堂参加过各种宗教活动，但是今天却非比寻常。这个神圣的地方今天看起来比以往任何时候都更加美丽，也更让我感到亲切。阳光透过教堂的彩色玻璃洒满大厅，我突然之间感觉到了灵光闪现，意识到这所有一切的意义所在：我在战争中经受的各种各样的苦难都是我主为我作出的安排，是有目的、有意义的；我就是我主的工具。我主直到我生命的老年时期才向我提出了一个特殊的要求——把和平和宽恕的思想传播给世人。当教堂人员带领我们走向留给我们的专座的时候，我看到了许多朋友们熟悉的面孔，他们都早早地来到了大教堂里和我一起分享这美好的一天。

在庄重的颁奖仪式上，菲利普·威尔逊大主教向我颁发了象征着宗教荣誉的"圣西尔维斯特骑士司令勋章"。在教廷颁发的各种勋章中，圣西尔维斯特勋章的重要性位列第二，而我现在已成为第一个获得这个殊荣的澳大利亚妇女，也因此创造了历史。颁奖词中写道，授予我这个荣誉是为了肯定我"在面对有组织的性虐待时所展现出的基督徒美德和信仰，以及对教会和圣洁生活的不屈不挠的忠贞精神"。当威尔逊大主教亲手把"圣西尔维斯特骑士司令勋章"佩戴在我胸前的时候，我激动得流下了热泪。这是令人无比激动的一刻，作为一名天主教徒，没有任何一个其他勋章能够具有如此崇高和美好的荣誉。教会和信仰一直是我生命的中坚，我的心将永远深情地拥抱这个荣誉。

我禁不住祈祷道："感谢天主。我何德之有，竟能获得如此崇高的荣誉？"

在这一个个荣誉面前，我越发感到了自己的卑微，但是与此同时，这些荣誉又无疑表明了这样一个事实：整个世界正在倾听我发出的呼吁和解、和平和正义的声音。

这些年来，我有幸结识了许许多多不同凡响的人——战争幸存者、战俘、执著的律师、政治家、神职人员和新闻记者，是他们把我在第二次世界大战中的经历传播给了公众。

我记得，多年前我曾经告诉过我的女儿艾琳和卡罗尔："总有一天我会讲出我的故事，那些故事一定会引起人们的广泛关注。"她们当时的回答是："肯定会的，妈妈！"作为第一个站出来讲述这个故事的欧洲"慰安妇"，我已经把发生在第二次世界大战中的这些黑暗的秘密公之于世，我创造了历史并为此感到自豪。

················❋················❋················❋················❋················❋················

一个名为"澳大利亚慰安妇之友"的团体给我发来邀请，希望我支持他们于2007年国际妇女节当天在悉尼马丁广场举行的抗议示威活动，为"慰安妇"伸张正义。同时应邀参加这个活动的还有两位分别来自中国台湾和韩国的原"慰安妇"，她们一个叫黄吴秀妹，另一个叫吉元玉。她们俩在这次活动上的演讲都十分感人。

在这次示威活动中，我的孙女露比一直站在我的身旁。她那时已经19岁了，但是却是第一次亲眼目睹自己的外祖母参加这样的活动，亲耳听到我在大庭广众之下发表的演讲，看到我在新闻摄影师和其他媒体记者面前的表现以及我在电视摄影机前为保护战争中妇女的权益而大声疾呼。示威活动结束之后，我们又一起同许多韩国朋友见了面，最后在两位《纽约时报》新闻记者的陪同下回到了我女儿卡罗尔的家中。当天，其中一位记者曾经问过露比，看到外祖母的现场演讲后有什么感受。她回答说，她为我感到骄傲，她从小到大都为自己是我的外孙女感到骄傲。听到她的话，让我深受感动。

2007年我所参加的最为重大的事件是华盛顿之行。当我接到美国国会议员迈克尔·本田的邀请，希望我到即将在华盛顿特区举行的国会听证会上作证时，我立刻毫不犹豫地接受了他的邀请，并随即放弃或推迟了所有原定的安排。迈克尔·本田向美国国会提出了"121决议案"[①]，要求日本政府"正式而明确地承认日本帝国陆军在第二次世界大战中对'慰安妇'实施的难以言表的非人折磨，并为此做出公开道歉"。

我只有不到一个星期的准备时间——购买厚实的冬衣和温暖的靴子、手套，以抵御华盛顿寒冷的天气。美国众议院外交委员会的亚洲、太平洋和全球环境小组委员会，计划于2007年2月15日举行一个名为"保护慰安妇人权"的听证

[①]2007年7月30日，美国国会众议院以口头表决方式无异议通过日裔国会议员迈克尔·本田（Mike Honda）提出的"121决议案"（又称为"慰安妇决议案"，House Resolution 121），要求日本就随军"慰安妇"问题作出"明确道歉"。麦克尔·本田在向美国国会提交这个决议案时表示："为过去的错误道歉是没有时限的，日本政府应该就慰安妇问题正式公开道歉。"他同时指出，这些受害者正逐渐变老并相继死去。这件事已到了刻不容缓的时刻。他说："现在是还受害者以公正的时候了。"

会，邀请我在这个听证会上作证，讲述第二次世界大战期间日本军方犯下的战争暴行。

15年来，我一直为"慰安妇"遭受的苦难四处奔走，呼吁正义和和解，要求日本政府对那些曾经被强征为日本军方性奴隶的妇女们作出正式的道歉，这一次到美国作证是级别最高的一次。正是因为我在过去15年中所进行的不停抗争，才使我具有了前往美国国会作证的资格。众议院议长南希·佩洛西和议员迈克尔·本田是推动这次听证会得以实现的主要人物。

一个国家的政府——而恰恰又是美国政府——意识到了认真对待这一重大人权问题的极端重要性，这在历史上还是第一次。60年过去了，"慰安妇"们应该得到正义。

"澳大利亚慰安妇之友"组织的宋安娜女士和我一起前往美国。在路上，因为华盛顿机场被大雪覆盖，所有进出港航班取消，我们的飞机被困在了旧金山机场上，几乎使我们错过了这次听证会。那天晚上，我们焦急地待在旅馆里，根本不知道是否还能搭乘第二天一早的航班赶往华盛顿，因为那个航班也极有可能被取消，要是那样我们无论如何也都无法赶上听证会了。安娜不停地交叉手指祈愿天气好转，我则一次又一次地向我主和我能想起的《圣徒之书》中的每一位圣徒祈祷。我主仁慈，我的祈祷应验了，我们终于成功地坐上了第二天的早班飞机，安全地降落在了华盛顿。这次赴美的整个旅程总共花去了40个小时。

抵达华盛顿的旅馆之后,我随即见到了两位曾经充当过日本人性奴的韩国妇女,一位叫金君子,另一位叫李云素,她们将和我一起在听证会上作证。见到她们让我心情格外激动,李云素和我都曾经在1992年的东京听证会上作过证,所以我们都立即认出了对方。我们紧紧握住彼此的双手,热泪纵横。这样的时刻总是具有一种神奇的魔力——它能够抚慰我们心灵的创伤,我主正是以这种特殊的纪念方式触及我们的灵魂。虽然我们彼此无法用同一种语言交流,但是所有的情感和思想都明白无误地表现在了我们的脸上和目光里。我们长时间地注视着对方——我们现在都是老妇人了,但是依然拥有为正义而抗争的能力。

紧接着……我的小妹妹塞莱丝特突然出现在了我的面前。她一直住在西雅图,这一次是专程赶到华盛顿来陪伴我的。塞莱丝特穿着一件深红色的高翻领毛衣和黑色长裤,看上去依然还是那么漂亮和年轻。我们拥抱在一起,我又闻到了她身上那种熟悉的香水味。我们紧紧拥抱着彼此,长时间不愿意分开。这所有的事情都发生得太快了,我简直感到应接不暇。塞莱丝特的到来给了我意外的惊喜,我们俩的关系一直非常亲密,在集中营里度过的战争岁月中,我们一起经历了无数的苦难。那一晚,我们一起睡在旅馆房间里的那张宽大的双人床上,姐妹间特有的交流似乎永远也没有尽头,我们都带着一颗无比感恩的心为我们的重逢而祈祷。

听证会那天我一直处于高度兴奋的状态之中。我们首先在旅馆里接受了媒体的采访，然后在人们的簇拥下坐上由专业司机驾驶的豪华轿车前往国会山。一路上，我向车窗外看去，映入眼帘的就好像是一片白雪皑皑的冬日仙境。自从1960年离开英国之后，我就再也没有见到过雪景，也已经完全忘记了白雪覆盖的大地竟然如此美丽，就好像这是我第一次见到这样的景色。在我走下汽车的那一刻，脚上新买的靴子深深陷入白雪中，发出"沙沙"的声响，那种奇妙的感觉分明就是一种难以抵挡的诱惑，心中禁不住勃发出触摸白雪的冲动，我简直就像一个孩子。就在美国国会的前面，我弯下腰双手捧起雪花，做成了一个雪球。然后，我抬起头，不无惊讶地看着国会大楼和楼顶上那个巨大的拱顶。

我在人们的带领下拾级而上，走进了美国国会。今天是一个重要的日子，为了展现出自己最好的形象，我穿上了专门为这次听证会新买的黑色西装。金君子和李云素两位女士都穿着她们的民族服装，显得十分庄重而美丽。我对这两位妇女感到由衷的热爱和钦佩，她们脸上虽然布满了岁月留下的深深皱纹，但是却彰显出坚定的决心和无穷的力量。在众多媒体记者和摄影师的簇拥下，我们走进了国会大厦的前门。塞莱丝特的座位被安排在我的身后。整个议会大厅里座无虚席，有人告诉我说这种景象还十分罕见。我对自己的表现感到惊讶——我竟然没有丝毫的紧张感，完全专注于我必须完成的使命。在证人席上坐下来的那一刻令人终生难忘：金君子和李云素女士就坐在我右边的座位上，我们各自的面前都摆放着一张很大的白色座位卡，上面印着我们的名字。多年来，人们一直习惯使用我婚后的名字"扬·鲁夫－奥赫恩"，但是美国人却没有使用这个名字中我丈夫的姓氏"鲁夫"，所以座位卡上清清楚楚地印着我婚前的闺名——扬·奥赫恩。当我看到"奥赫恩"这个姓氏显著地出现在美国华盛顿国会大厦之中的时候，我禁不住激动万分。我一次次把泪水咽下肚里，耳畔又响起了音乐剧《生命的旋律》里的那首歌："如果他们现在能看到我，我那帮亲爱的朋友们。"我禁不住想道：如果我的父亲、母亲和奥赫恩家族的兄弟姐妹们现在能够看到我，他们一定会为我感到无比的骄傲。

听证会召开得很顺利。会上通过了一个议案，敦促日本政府就"慰安妇"遭受性奴役的问题正式道歉，并要求日本政府对否认这一事实的言行给予坚决的驳斥。金君子女士第一个提供了她的证言，她情绪激动地讲述了她的悲惨故事；我的证言也无可辩驳地证明了日本人犯下的这一战争罪行；李云素女士的证言同样铿锵有力，她在作证结束时高高地举起一个拳头，大声说道："我绝不会让日本政府逍遥法外，直到他们屈膝跪在我的面前、当面向我作出真诚的道歉时为止。"

在听证会后接下来的四天时间里，媒体采访和正式晚宴接连不断，我也因此见到了许多对我们的事业给予了大力支持的重要人物。在美国之行的最后一天，塞莱丝特陪着我一起前往机场，我们流着眼泪依依惜别。我们姐妹俩曾经多次经历过这样的惜别，每一次都不知道何时还能再次相聚。

离开国会大厦回到旅馆房间里之后，我曾经打开我的手提包，拿出了从美国国会听证会上带回来的那张印有"奥赫恩"这个姓氏的座位卡。我多么热爱自己"奥赫恩"的名字！我似乎又听见了在三宝垄中学读书时西维尔修女对我说的那句话："你，扬，这里有那么多的学生，可偏偏是你这个奥赫恩家的孩子干出了这样的事情！"

身为奥赫恩家族的人让我感到自豪。奥赫恩家的人始终都是充满活力的人，他们（在邪恶面前）绝不会坐视不管。我也是一个"奥赫恩"，我为自己感到骄傲。看着这个名字，我一生的经历又浮现在我的眼前：我在爪哇岛上的幸福童年，我在集中营里度过的艰难岁月，我和汤姆的幸福婚姻，我成为母亲后的生活，我移居澳大利亚的经历，我教书的生涯，我作为"鲁夫夫人"的大半辈子，最后，在我84岁高龄的时候，我又再一次成为了一个"奥赫恩"。

战争中的强奸行为被一些人当成了种族灭绝的武器和工具，时至今日这种罪行依然没有停止。在过去的整整16个年头里，我一直积极地为保护在战争和各种冲突中的受害妇女而不停地抗争。现在，我看到了我的努力并没有付诸东流，这让我感到莫大的高兴和自豪。今天，强奸已经不再被人们视为战争中不可避免的必然结果，也不再被当作对参战士兵们的"奖赏"，而是被视为一种战争罪行，这是联合国已经认定的性质。我之所以要站出来讲述自己的故事只有一个目的，那就是这样的战争暴行决不能再次发生。

扬·鲁夫-奥赫恩

2008年7月

致谢

为了防止类似的战争罪行重演,我写下了这本书。

我要感谢那些勇敢的率先站出来抗争的韩国"慰安妇"们,她们和我一样在通向世界和平和和解的道路上坚定地前行。正是她们向全世界公开了这个可怕秘密的勇敢行为,鼓励我讲出了自己的故事。

我要感谢我的两个女儿艾琳和卡罗尔,是她们给予了我不可或缺的帮助和支持,使我写出了这本书。

我也要感谢加里和格雷格,他们给予了我始终如一的爱。

感谢荷兰"日本道义债务基金会"。

感谢内德·兰德拍摄制作了《沉默50年》纪录片,为我提供了重返我的出生地和前往荷兰与我在二战中的几位最亲密的朋友重聚的机会。

我要特别感谢菲利普和贝夫·托里德为我录入这部书的手稿。

我还要感谢珍妮·里克曼斯对这部书的信任，同时感谢伊丽莎白·科维尔耐心而细致的编辑工作。

最后，我要提到我的外孙和外孙女——艾玛、贾德和露比，以及我的教子威廉，他们称我为外婆。这个故事就是为他们而写的，希望他们永远生活在一个没有战争的和平世界之中。

扬的抗争
1992年至2008年

1992年12月9日

扬·鲁夫-奥赫恩是第一位站出来揭露真相的欧洲"慰安妇",她的行动有力地支持了在东京举行的"日本战争罪行国际公开听证会"上亚洲"慰安妇"的正义行动。这次听证会引起了国际电视和其他媒体的极大关注和广泛报道。

在日本国会会见了日本外务省亚洲局局长谷野作太郎先生。

1993年8月

扬·鲁夫-奥赫恩前往荷兰会见其他几位荷兰"慰安妇",同年开始拍摄《沉默50年》纪录片。

接受大量媒体采访。

在海牙荷兰国会大厦会见荷兰外交大臣。

1994年7月

《沉默50年》纪录片在澳大利亚和海外多国的影院和电视台上映和播出。此后,该片先后获得如下大奖:

1995年度澳大利亚电视"洛基奖"最佳纪录片奖、"澳大利亚电影协会奖·最佳纪录片奖"。

1995年悉尼国际电影节"邓迪奖"、亚太电影节"最佳纪录片奖"。

1995年度"阿托姆奖"、日本"世界电影/电视节奖"。

1994年12月

《沉默50年》自传在澳大利亚出版。这部书与其同名记录片一样,讲述了一位身居大城市郊区的外祖母如何改变了有文字记载的历史,用自己的信仰、勇气和内在力量成为激励人们为正义而抗争的榜样。到目前为止,这部书的英文版已经出版了第三版,大字印刷版和有声版也已经出版。

1995年3月14日

扬·鲁夫-奥赫恩参加了在墨尔本举办的"波斯尼亚战争—妇女—强奸"论坛,在会上朗读了波斯尼亚"死亡强奸营"一位受害者的日记片段,并同波斯尼亚强奸受害者会面。

1995年4月27日

参加澳大利亚红十字会在悉尼举办的"妇女的尊严与战争"论

坛并在论坛上发表演讲,联合国秘书长布特罗斯·布特罗斯-加利先生现场听取了扬的演讲。

1995年5月25日

参加由澳大利亚红十字会在阿德莱德举办的"保护武装冲突中的妇女"国际人道主义法论坛并发表演讲。

参加在悉尼举办的"在日本集中营里的妇女和儿童,1942—1945"纪念活动并发表演讲,纪念第二次世界大战结束50周年。

1996年6月

在英国伦敦接受英国广播公司"全球服务"节目的采访。

1997年3月

参加在北爱尔兰伦敦德里郡的阿尔斯特大学举办的"男人、女人与战争"会议并发表演讲。

1997年9月

参加由澳大利亚红字会在阿德莱德大学举办的"20年的希望与地狱"国际人道主义法论坛并发表演讲。

1997年11月

扬·鲁夫-奥赫恩在位于澳大利亚首都领地的国会大厦荣获"澳

大利亚有声读物奖"。

1998年3月5日

参加由澳大利亚红十字会在墨尔本举办的"当尊重失效的时候"索非里诺国际人道主义法系列讲座并发表演讲。

1998年5月8日

荣获"红十字会奖章",由尼尔女士颁发。

奖章上的铭文写道:

> 为表彰你作为第一个站出来讲述自己在第二次世界大战中恐怖经历的欧洲"慰安妇"所展现出来的勇气,以及你为保护战争中平民的权利而推动国际人道主义法的发展所作出的不懈努力,特颁此奖。

1998年5月12日

参加由澳大利亚红十字会在悉尼议会大厦举办的"保护战争中的妇女"研讨会并发表演讲。

1999年3月

堪培拉澳大利亚战争纪念馆向扬·鲁夫-奥赫恩颁发嘉许状,以感谢她向该馆"第二次世界大战陈列馆"捐赠集中营文物。

1999年3月18日

参加由新西兰红十字会在奥克兰举办的"人道行动"系列讲座，并发表演讲。

在奥克兰大学向法律系学生发表演讲。

1999年8月

《沉默50年》自传图书由东京木犀社翻译成日文出版。

1999年8月5日

作为特约演讲嘉宾在墨尔本坎特伯雷长老会教堂向当地一大规模日本人社区居民发表演讲。

1999年9月8日至9日

参加由新西兰红十字会在威灵顿和克莱斯特彻奇举办的"当尊重失效的时候"的人道主义法讲座，并发表演讲。

2000年5月25日

参加由澳大利亚红十字会在阿德莱德举办的关于妇女与战争的国际会议并发表演讲。

2000年7月3日

参加在阿德莱德举办的"联合国青年大会"并发表演讲。

2000年7月8日

参加在耶路撒冷举办的"当代社会的悲哀"国际会议并发表演讲。

2000年8月5日

参加由"世界和平妇女联合会"在悉尼举办的"和平之桥"活动并发表演讲。在这次活动上，海伦·库南参议员向扬·鲁夫–奥赫恩颁发奖章，以表彰其"对世界和平作出的宝贵贡献"。

2000年12月8日

第二次访问东京：在东京设立的"日本军方性奴役国际战争罪行法庭"上作证。

2001年

《沉默50年》由印度尼西亚雅加达的进步出版社翻译为印尼文出版。

2001年4月24日

参加在悉尼圣玛利亚大教堂举行的以"太平洋战争遗留创伤和解"为题的"澳新军团日"礼拜仪式。

2001年8月30日

扬·鲁夫–奥赫恩在澳洲电视台"澳大利亚故事"节目中接受

专访。

2001年9月20日

在阿姆斯特丹荣获荷兰女王贝娅特丽克丝授予的"奥兰治－拿骚皇家骑士勋章"。

2001年10月24日

作为特邀演讲嘉宾参加在墨尔本大学举办的"面对战争的妇女"国际红十字会研讨会开幕式并发表演讲。

在墨尔本大学为法律系学生做讲座。

2001年12月3日

作为特约演讲嘉宾出席在海牙举行的"日本军队实施性奴役所犯战争罪行的国际审判法庭"并发表演讲。

2002年4月25日

荣获"澳新军团日和平勋章"。该奖是为了表彰扬·鲁夫－奥赫恩为国际和平和善意作出的贡献。

2002年6月10日

在英国女王生日当天荣获"澳大利亚勋章民间人士勋章"。

2002年11月23日

参加由澳大利亚红十字会在珀斯举办的"对慰安妇犯下的罪行"研讨会并发表演讲。

2002年12月7日

荣获教皇保罗二世颁发的象征着宗教荣誉的"圣西尔维斯特骑士司令勋章"(二等最高宗教荣誉)。

2004年

荣获由约翰·霍华德总理颁发的"百年勋章"。该勋章是为了表彰扬·鲁夫-奥赫恩为澳大利亚社会作出的贡献。

2004年4月

参加在新西兰奥克兰举行的"国际圣体大会"并发表演讲。

2004年11月

荣获美国联邦文化公约组织授予的"国际和平奖章"。

2007年2月

参加在华盛顿特区举行的美国国会委员会"保护慰安妇人权"的听证会并发表演讲。

2007年3月

参加由"澳大利亚慰安妇之友"组织在悉尼日本领事馆外举行的抗议示威活动并发表演讲。

2008年9月

本版《沉默50年》由澳大利亚兰登书屋出版公司出版。

沉默50年

作者珍藏手绘28幅

重庆出版集团 重庆出版社

安巴拉哇集中营：深陷铁丝网的围困之中。这幅手绘图就画在我那本安巴拉哇集中营的手绘簿的封面上。

沉默 50 年

"这样的日子还有多久?"日本人强迫我们必须掌握从腰部开始深鞠躬的要领。

沉默 50 年

在高墙修建起来之前，我们常常通过铁丝网同当地人交换物品。

我们把床单挂在各个家庭之间,以此获得一点点隐私空间。

晾晒在露天的衣物就像荷兰国旗上的颜色：红、白、蓝都有。

又是通菜！在集中营里，人们最向往的工作就是到厨房里帮厨。

"繁重的工作！"

沉默 50 年

Het meest begeerde wezen, waar wij houd van bleven.

沉默 50 年

"要是可爱的索艾米还在该有多好！"

沉默
50年

通往厕所的路是那么遥远：母亲常常端着"尿盆"走在这条路上。

我们把从日本人的垃圾桶里偷来的鸡骨头熬成鸡汤。在这些手绘图中，我有意把我们的衣着画得很鲜亮，其实这样做只是为了鼓舞自己的士气而已，根本不是现实。

在日本兵的监视下，我们怀着忐忑不安的心情匆匆打好了几件随身的行李。（这幅早期的手绘图贴在安巴拉哇集中营手绘簿的封底。）

"呼喊挖掘工作队上班了！"我们分成了几个工作队轮流劳动，年轻女人负责干重活、脏活。

"高级军官来视察了：把院子扫干净！把地沟清理干净！把衣物统统收进去！给花园浇水！"

这就是集中营里所谓的厕所——不过是在地上挖出的一个坑而已。

沉默
50年

"粪便队"的工作：清理溢出的粪便和粪坑。

沉默 50年

Pannen weg van de drum!!!

厨房工作之一：搅动一锅清汤寡水似的汤。

"臭肉汤!"一天繁重的工作之后,把脏衣服洗干净。

沉默 50年

沉默
50年

我们的营歌：
我们决不屈服，
因为我们长着坚硬的头颅！
加油，加油，
加油，加油！

Maar we geven
het niet op,
Want we hebben
'n harde kop!

Hiep-hiep-hoera
Hiep-hiep hoera

沉默 50 年

集中营里的口号：
"空袭警报：飞机！"
"第 13 号营房：取饭了！"
"点名了——别忘了自己的编号！"
"棕榈糖！"
"10 点半了。熄灯！"
"工作队！"
"工作队，去拿一块面包！"

我们把有限的配给食品节省下来，勉强凑成一顿圣诞晚餐。

沉默 50 年

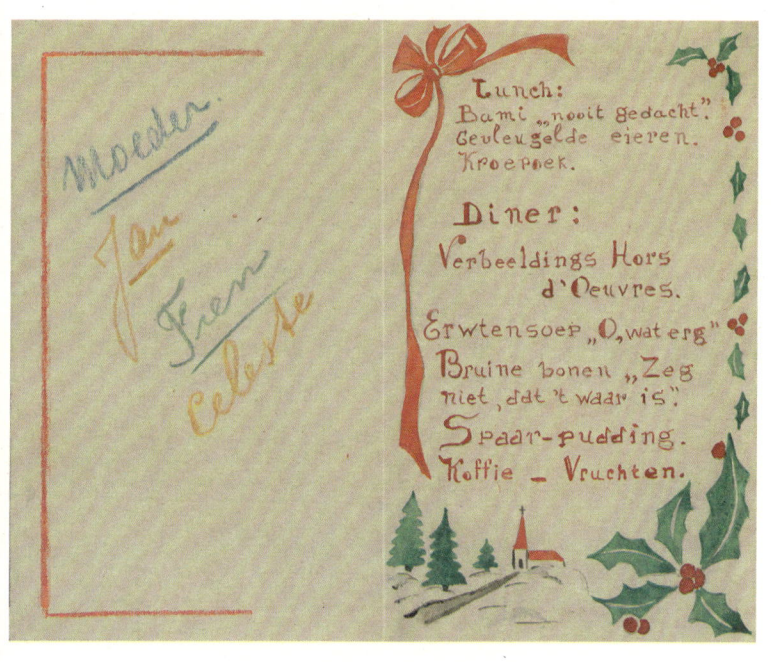

我们为1944年圣诞节制作的菜单

午餐：
中国面条"我是不会想到它的！"
长翅膀的鸡蛋
炸薯条

晚餐：
饭前点心浓豌豆汤
"噢，我的天哪！"
黄豆"告诉我这不是真的。"
节省下来的布丁
咖啡——水果

为了永远记住"七海屋"里受难的其他姑娘,我用铅笔为她们画肖像。这是埃尔丝,当时刚刚19岁

埃尔丝19岁,长着典型的荷兰人的模样——白皙的皮肤、金色的头发和一张友善的面孔。

沉默
50年

沉默 50 年

格尔达虽然已经18岁了,却仍然非常单纯。我是在安巴拉哇集中营里认识她的。她的体态略胖,长着一头浓密的棕色头发。她一直非常担心自己的母亲,因为母亲在集中营里的生活完全要依靠她。

沉默 50年

梅普的年龄最大，已经 22 岁了。她是一个非常文静的女人，常常独自一人待着。

沉默 50 年

丽思比我小1岁,来自一个非常严格的天主教家庭。我为丽思的母亲感到悲伤——她的丈夫在日本人入侵时死了,两个儿子同她一起被关进了集中营,不久年满10岁后又被日本人强行带走了。现在,她又失去了她唯一的亲人——女儿。

沉默 50 年

安妮17岁了，但是看上去却要年轻得多。她父亲是荷兰人，母亲是印度尼西亚人。她是个非常漂亮的姑娘。

每天晚上，我们都会分成几个小组，各自聚在一起诵读《玫瑰经》。

沉默 50 年

FIFTY YEARS OF SILENCE

THE
EXTRAORDINARY
MEMOIR OF
A WAR
RAPE
SURVIVOR

THE COLLECTION OF 28 PIECES OF SKETCHES